〈그림7〉(31쪽) 2010년 8월 21일 이포보 조감도 사진과 2012년 3월 11일 완성된 이포보 모습.

〈그림 12〉(68쪽) 백제보 늪의 녹조(2013년 8월 20일)

〈그림 21〉(89쪽) 백제보 상류 녹조는 단순히 조류(식물부유생물)가 많아진 정도가 아니라 너무 많이 들어가 물에 잘 풀어지지 않은 염료 분말이 퍼져 있는 듯한 모습이다(2013년 8월 20일)

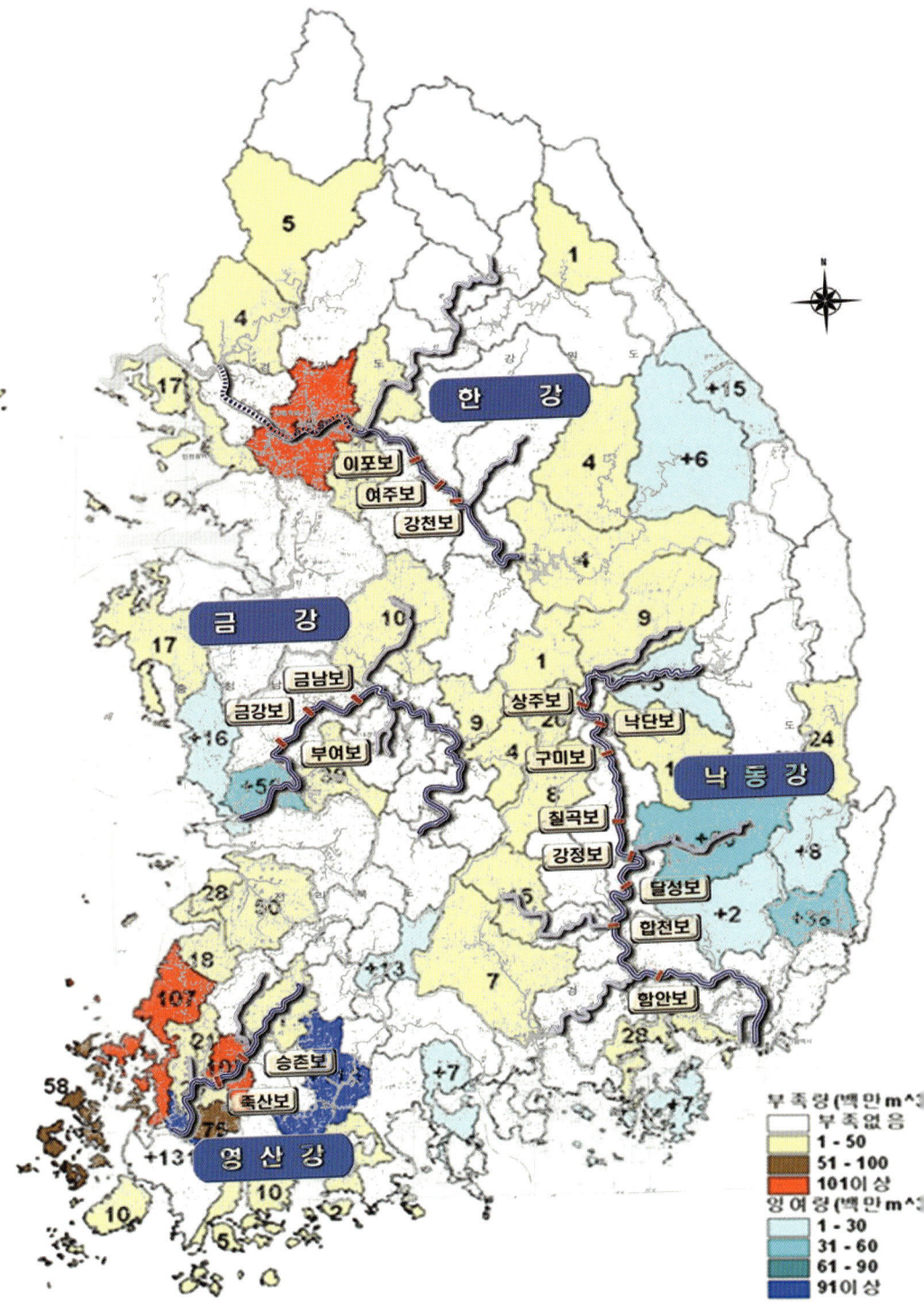

〈그림 35〉(122쪽) 4대강사업의 대형보로 막혀 만들어진 늪은 대부분 물이 부족하지 않은 지역에 위치한다. 국토해양부, 2009, 4대강살리기 마스터플랜에 있는 그림을 겹쳐 만든 것이다.

진보의 4대강 이야기
짜수

이 도서의 국립중앙도서관 출판예정도서목록(CIP)은 서지정보유통지원시스템 홈페이지(http://seoji.nl.go.kr)와 국가자료종합목록시스템(http://www.nl.go.kr/kolisnet)에서 이용하실 수 있습니다.
(CIP제어번호 : CIP2018028738)

진보의 4대강 이야기
짜수

정민걸 지음

간디서원

진짜 보수의 4대강 이야기

초판인쇄일 | 2018년 9월 5일
초판발행일 | 2018년 9월 10일
지은이 | 정민걸
펴낸곳 | 간디서원
펴낸이 | 김강욱
주　　소 | (06996) 서울 동작구 동작대로 33길56(사당동)
전　　화 | 02)3477-7008
팩　　스 | 02)3477-7066
등　　록 | 제382-2010-000006호
E_mail | gandhib@naver.com
ISBN | 978-89-97533-25-1 (03470)

＊잘못된 책은 바꾸어 드립니다.

이 책『진짜 보수의 4대강 이야기』는 2016~2017년 공주대학교 연구년 지원을 받아 수행된 연구 결과입니다.

차례

시작하며   13

1 4대강사업, 나라의 주인을 농락하다

1) 대한민국은 민주공화국이다 ································· 17
2) 독재에 길들다 ·· 18
3) 4대강사업, 허황된 환상의 장밋빛을 쏘다 ············· 21
4) 4대강이 죽었다? ·· 24
5) 심장이 아픈데 허파를 수술한다? ························· 28
6) 죽음의 늪에서 수영을 하라? ································ 30
7) 급하다며 바늘허리에 실을 매다 ··························· 33
8) 국민이 주인이다! ·· 36

2 4대강사업, 탐욕을 위해 권력을 행사하다

1) 대통령의 핵심 사업, 군말 없이 추진하라? ············· 41
2) 대통령, 입법부 위에 서다 ···································· 43
3) 사유화 권력, 절차를 무시하다 ······························ 45
4) 국가정책 사업, 면죄부가 되다 ······························ 48
5) 4대강사업, 최소 22조 원을 나누어 주었다 ············ 55
6) 정부의 공익과 국민의 공익이 다르다? ·················· 56
7) 4대강사업의 동인은 탐욕이다 ······························ 62

8) 세금 빨아먹는 하마를 만들다 ……………………………………… 66
   9) 탐욕을 향한 권력 잡기를 끝내자! ………………………………… 69

3 4대강사업, 자연을 앗아가다
   1) 자연의 다양성 사라지다 ……………………………………………… 75
   2) 자연과 사람이 어우러지는 문화를 말살하다 …………………… 83
   3) 녹색으로 암흑을 가리다 …………………………………………… 89
   4) 주검의 늪에서 물고기 절규하다 ………………………………… 93
   5) 세금 갈아먹는 다람쥐 쳇바퀴를 돌리다 ………………………… 99
   6) 국민의 생명을 위협하다 …………………………………………… 106
   7) 사람이 자연과 더불어 사는 문화를 회복하자! ………………… 111

4 4대강사업, 재앙을 잉태하다
   1) 4대강사업, 홍수 범람의 위험을 높이다 ………………………… 115
   2) 4대강사업, 가뭄 대비에 역행하다 ……………………………… 119
   3) 물 통합관리를 위한 통제체계가 없다 …………………………… 123
   4) 재앙에 대한 대응 전략과 체계가 없다 ………………………… 126
   5) 4대강사업에 편승하여 세금 세탁하다 ………………………… 131
   6) 탐욕의 국정운영을 노골화하다 ………………………………… 135
   7) 내 돈 들여 내 일을 하듯 나라 일을 하자! ……………………… 137

5 함께하는 우리나라의 4대강을 이야기하다
   1) 금수강산의 국토를 지키는 진짜 보수가 되자 ………………… 141
   2) 찬성을 위한 찬성, 반대를 위한 반대, 이제 그만! …………… 145

3) 살아남기 위해 4대강사업에 부역하다? ·············· 148
　4) 부국환경은 탐욕의 자연 파괴이다 ·················· 151
　5) 국민을 생각하는 4대강사업 되돌리기를 하자! ········ 155
　6) 자연의 공간을 허하라 ···························· 160
　7) 함께하는 4대강을 꿈꾸다 ························· 163

나가며

　선의로 포장된 눈먼 돈 만들기 사라져야 ·············· 167
　국민 행복을 위한 대한민국과 정책을! ················ 171
　보수와 진보의 견제와 균형을 통해 국민이 행복한 사회! ····· 173

붙임 보론
함께하는 사회의 구현
4대강사업의 이기적 탐욕과 생명 경시 극복

　1. 탐욕의 소멸을 위하여 ···························· 178
　2. 무소불위의 4대강사업 추진 ······················· 182
　3. 탐욕을 가리는 4대강사업 목적의 허구 ·············· 190
　4. 4대강사업을 추진한 탐욕의 생명 경시 ·············· 199
　5. 생태 평등 실현의 경제 장치 ······················ 208
　6. 함께하는 세상을 위하여 ·························· 217

■ 찾아보기　228

시작하며

 4대강사업이 진행되고 있던 중, 우리나라 하천에서는 발생하지 않던 불행한 일들이 발생하기 시작했다. 4대강사업이 형식적으로 종료된 이후, 상황이 더욱 심각해져 역사상 전례가 없는 생태적 재앙이 꾸준히 발생하고 있다.
 '고인 물은 썩는다'는 동서고금의 진리대로 대형보가 물길을 막고 있는 4대강은 하수구처럼 썩고 있다. 표층은 녹조가 들끓고 있고, 고인 물에서만 살 수 있는 큰빗이끼벌레가 4대강에서 창궐하고 있다. 심지어는 시궁창에서 번성하는 실지렁이와 붉은 깔따구가 4대강 바닥을 덮고 있다. 또한 4대강 물가에 가는 사람들은 누구나 시궁창 냄새를 흔하게 맡을 수 있다.
 생태적 재앙과 더불어, 태풍 등으로 인한 큰 비가 4대강을 지나가게 되면, 물길을 막고 있는 댐 규모의 대형보 때문에 역사상 유례가 없는 보 직상류 범람이나 보 직하류 제방 붕괴가 일어날 위험이 잉태된 상황도 지속되고 있다.

4대강사업으로 세금만 공연히 날릴 뿐 이러한 일이 발생할 것이 뻔히 예상되었기에 많은 사람들이 4대강사업의 추진을 반대했다. 그런데 감사를 네 차례나 한 감사원이 때늦은 2018년에도 진실을 밝히기보다는 단지 대통령 한 인간의 의지 때문에 어쩔 수 없었다는 핑계를 내어버렸다.

4대강사업 추진의 찬반 갈등 속에, 아름다운 금수강산의 국토를 파괴하는 4대강사업에 부역하는 자들을 보수라고, 그리고 금수강산을 지키려는 힘겨운 몸짓을 하는 사람들을 진보라고, 매우 우스꽝스럽게 단정하고 있다. 전통과 자연을 지키는 것이 보수인데도, 이렇게 어처구니없게 단정하는 것은 우리 사회의 일그러진 모습을 말해 주는 것이다.

이러한 단세포 주장은 장기간의 독재 끝에 지역적으로 편재된 국가 권력의 감투와 국가 투자 때문에 영남 지지 기반의 정권을 옹호하면 보수, 호남 지지 기반의 정권을 옹호하면 진보라고 하는 기괴한 논리가 생긴 것과 맥을 같이하고 있다.

영남은 보수고, 호남은 진보라는 근거도 없이 지역 갈등을 부추기는 궤변의 이념 분류가 진정한 보수와 진보의 균형 잡힌 건전한 논의와 협의를 차단하고, 우리 사회의 발전을 저해하고 있다.

마찬가지로 우리 강산을 파괴하는 작태는 보수고 우리 강산을 지키려는 노력은 진보라는 이분법도 우리 사회가 건전한 미래로 가는 것을 막고 있다.

국민의 행복을 위해서는, (사유화) 국가 권력 투쟁에 따른 갈등이나 편재된 사유화 국가 권력에 기반을 둔 지역 갈등을 보수-진보 대립으로 포장하여 패거리 갈등을 부추기는 것에서 우리나라 정치가 이제라도 벗어나야 한다.

국민을 위한 진정한 국가 발전이 이루어질 수 있도록 보수와 진보에 대한 그릇된 관념이 없어져야 한다. 보수든 진보든 궁극의 목적은 국민의 행복이며, 다만 목적을 달성하는 전략이나 방법이 보수와 진보에 따라 다를 뿐이다. 목적이 같기 때문에 보수와 진보는 토론과 협의를 통해 이견을 다듬고 수렴하여 국민을 위해 합리적인 전략과 방안을 마련할 수 있다.

국가 권력을 잡기 위한 투쟁의 거짓 보수-진보 갈등 조장이 아니라, 국가 발전을 위한 화합의 진짜 보수-진보 이념 논의를 통해 정반합의 전략과 방법을 도출함으로써, 진정으로 모든 국민이 행복해지는 올바른 방향으로 우리 대한민국이 가야 한다.

그러기 위해 보수-진보에 대한 사회의 그릇된 인식이 바뀌고, 공직자가 국민을 위해 공공정책을 입안하고 집행하는 올바른 길을 가고, 학자가 사회적 책임을 지며 진실을 밝히는 올바른 길을 가야 한다. 우리 사회의 구성원들이 갈등의 굴레에서 벗어나 올바른 길을 가는 데 이 책이 조금이라도 도움이 되면 좋겠다.

그러기 위해 국민에게 손실을 끼치며 국토를 훼손하는 4대강사업을 비판하며 4대강사업의 추진을 반대한 진짜 보수의 눈으로 본 4대강사업의 실체를 말하기 위해 이 책을 쓴다.

홀로 사는 데 적절한 대학원 강의조교 급여로 가족의 생계를 유지하는 궁핍 속에 외지에서 고생하게 한 것도 부족하여, 세상의 부조리를 대책도 없이 지적하며 마음 불편하게 하는 남편을 인내하고, 늘 힘이 되어주는 아내에게 가슴 찡하게 감사한 마음으로 살고 있다. 어려운 출판업계 상황에도 이 책을 흔쾌히 세상으로 나오게 도와준 간디서원에도 사의를 표한다.

臨江 정민걸

1 4대강사업, 나라의 주인을 농락하다

1) 대한민국은 민주공화국이다

우리나라 헌법 제1조는 우리 국민이 살고 있는 나라가 어떠한 나라인지 명확하게 밝히고 있다. 제1항은 "대한민국은 민주공화국(民主共和國)이다"라고 규정하고 있다. 뜻을 더욱 명확하게 풀어 제2항은 "대한민국의 주권은 국민에게 있고, 모든 권력은 국민으로부터 나온다"라고도 규정하고 있다. 우리나라의 주인은 국민이며, 모든 권력의 주체가 국민이라는 것을 헌법이 명백하게 밝히고 있는 것이다.

그런데 우리 사회는 대통령이라는 한 개인이 무엇이든 마음대로 할 수 있다는 매우 전근대적인 사고를 벗어나지 못하고 있다. 겉으로는 정치꾼들 모두 제왕적 대통령이 문제라고 외치고 있지만, 그들은 대통령이든 국회의원이든 지방자치단체장이든 소수의 선출된 권력은 무엇이든 할 수 있다는 병적 사고에 젖어 있는 듯하다.

공화(共和)는 여럿이 함께 일을 한다는 뜻이며, 정치적으로는 여럿이 정치나 국가 행정 사무를 본다는 뜻이다. 그런데 우리나라의 정치꾼들은 공화를 글자 그대로 선출된 권력들의 공화로 보고 있는 듯하다. 이들은 헌법에 명시된 민주(民主)를 떼어버린 것 같다.

더 늦기 전에 헌법에 명시된 대로 국가의 권력을 국민이 온전히 찾는 민주화가 완결되어야 하겠다. 다시는 대통령이란 한 개인이, 그리고 그를 중심으로 한 몇몇 개인들이 국가 권력을 사유화하며 탐욕을 채우는 일이 발생될 수 없게 되어야 한다.

자연스럽게 퍼져 있어 모두가 숨쉴 수 있는 공기처럼, '대한민국은 민주공화국이다'라는 우리 사회의 기본 바탕 속에 국민의 권리가 자연스럽게 모두에게 보장되어 국민 모두가 사람으로서 행복하게 삶을 누릴 수 있게 되어야 한다.

2) 독재에 길들다

과거 유신헌법 지배체제의 공화당(共和黨)이 민주를 말살하며 그들만의 공화, 특히 대통령을 군주로 모시고 하명에 따라 수족들이 절대왕정의 귀족처럼 일사불란하게 공화 독재를 했다. 아직도 그 독재의 정점에서 정치꾼들이 한 치도 벗어나 있지 않아 보이는 것은 왜일까. 권력을 통해 부귀영화를 유지하고 싶은 그들의 욕심 때문일 것이다.

대통령의 행위는 통치 행위라는 전근대적 표현을 정치꾼들이 서슴지 않고 주장하고 있다. 통치는 나라를 도맡아 다스린다는 말이다. 권력의 주체가 국민인데 국민의 뜻에 따라 정무를 관리하라고 뽑아놓은 자가 어찌 나라를, 주인인 국민을 다스린다는 말인가.

그렇게 오도된 사고에서 국민이 벗어나기 위해서는 대통령의 직함부터 바꾸어야 할 것 같다. 국정 일체를 통할하여 거느리는 자라는 뜻의 통령(統領), 그것도 큰 권력으로 거느리는 자라는 대통령(大統領)은 서구에서 민주제도를 들여오면서도 절대왕정에서 벗어나지 못해 잘못 번역된 것이다.

영어로 대통령은 President이다. President는 회의에서 사회를 보는 자라는 뜻이다. 물론 국무회의든 수석회의든 그 회의에서 결정된 사항이 국가적으로 막대한 영향이 있으니, 어느 사회든 사회자라고 하면서도 무의식적으로 권력자라는 인식이 들기는 할 것이다.

하지만 기본적으로는 독단으로 결정하는 것이 아니라 논의하여 일이 결정될 수 있도록 회의를 진행하는 자라는 사고에 뿌리를 두고 President가 인정되는 것이다.

그저 사회자로 직함을 만들기에는 너무 보편적이니 조금은 다른 직함이 필요할 것 같다. 국민을 위해 국민의 뜻에 따라 행정부를 관리하는 장을 뜻하기 위해 '행정장(行政長)'이라 하는 것도 생각해볼 수 있겠다.

우리나라 헌법과 그에 따른 법률들이 제왕적 대통령을 규정한 곳은 없다. 오히려 법률들이 제왕이 될 수 없도록 규정하고 있지만, 제왕을 만드는 것은 장기간의 독재 때문에 우리 사회가 벗어나지 못한 절대왕정의 병폐 사고이다.

수십 년을 길들여져 온 독재의 잔재가 아직도 대통령에게 모든 권한을 주고 있다. 여당 국회의원들은 대통령이라는 형님의 명령에 따라 일사불란하게 움직이는 조직폭력배의 동생들처럼 행동하는 것으로 국민들에게 보인다.

그래서 행정부가 추진하는 모든 일을 여당 국회의원들은 맹목적으로 옹호하며 추종하고, 대통령이 추천한 국무위원 등 임명직의 후보자들을 그들이 어떤 인간이든 일차적으로 보호하기 위해 충성 경쟁을 하는 모양이다.

야당 국회의원들은 무조건 반대를 일삼고 흠집을 잡으며, 다음 정부의 새로운 형님을 자신의 당에서 배출할 수 있는 분위기를 만들기 위해 혈안이 되어 있는 듯하다.

국민이 없는 이런 정치권의 권력 다툼에 지친 국민들은 평소에 그들만의 경쟁에 대해 관심이 멀어져 왔다. 국민들은 각자가 살아가기 위해 열심히 살아야 한다는 강박감에서 벗어나지 못하며 점점 더 정치에 무관심해진다. 그러다가 한계에 도달하면 국민을 존중하라는 촛불집회를 반복하게 되지만 그때뿐인 한풀이처럼 지나와 버렸다.

이제는 더 버틸 수 없는 한계에 부딪힌 국민들이 2016년 말부터 수개월의 촛불집회를 지속하게 되었다. 이번에는 한때의 한풀이가 아니라 다시는 촛불집회가 필요 없는 사회를 완성하기 위해 독재의 망령에서 벗어나 민주공화국을 반드시 이룸으로써 국민의 주권을 되찾아야 한다.

3) 4대강사업, 허황된 환상의 장밋빛을 쏘다

사람은 긍정의 사고로 희망을 지녀야 이 세상을 살아갈 맛이 난다고 한다. 그런 희망을 줄 것 같은 후보자에게 국민들이 표를 주어 그를 대통령으로 뽑을 것이다. 그래서 그런지 정치권이 지키지도 못할 공적인 약속인 공약(公約)을 남발한다. 그러니 사람들은 공약을 헛약속이라는 뜻으로 공약(空約)이라고 부르기도 한다. 거의 모든 나라에서 헛약속이 나오기는 하겠지만, 특히 공약에 대한 검증이 없거나 책임을 묻지 않는 나라에서는 헛약속이 더욱 남발될 것이다.

이러한 헛약속들은 믿을 수 없을 만큼 너무 환상적인 경우가 많다. 영어 표현의 'too good to be true'도 일종의 헛약속에 대한 경고의 표현이다. 이런 포장을 잘 하는 사람은 사기꾼이다. 그래서 그런지 전 세계 모두 정치가를 사기꾼에 비유하는 경우가 많다.

　4대강사업은 이명박이 대통령 후보일 때 내세운 대운하 공약에 뿌리를 둔 대규모 토목공사이다. 운하는 19세기, 현대의 교통·운송수단이 없던 시절에 유럽에서 운송로로 긴요하게 쓰인 적이 있는 유물이다. 그런데 토목회사 사장을 했던 이명박은 그것을 만들어 한반도 물류수송의 중심을 만들어 경제발전을 이루겠다고 선전했다. 이명박 정부는 대운하 중심의 관광 활성화로 지역경제 발전까지 이룰 것이라는 등 잡다한 장밋빛을 입혔었다. 하지만 경제적 효용 없는 대규모 토목공사일 뿐이라는 비판에 결국 이명박은 대운하를 임기 내 시작하지 않겠다는 공약 철회를 선언하게 되었다.

　그런데 어느 날 '4대강 살리기'를 하겠다며 대운하 사업에 준하는 대규모 토목공사 사업을 국가정책 사업으로 이명박 정부가 밀어붙였다. 하지만 4대강사업은 대운하 계획의 갑문과 동일한 장소에 댐 규모의 대형보를 만들어 운하를 연상케 하는 계단 늪으로 4대강을 개조하겠다는 거창한 토목사업이었을 뿐이다.

　4대강사업은 이미 죽어버린 4대강의 생태를 복원할 것이고, 200년 빈도의 수해를 예방하고, 대가뭄도 해결할 것이고, 지역관광을 활성화하여 지역경제 발전의 중심이 될 것이고, 수십만의 일자리도 창출할 것이며, 이러한 다목적의 사업을 완성하여 첨단의 물 통합관리 기술로 세계를 선도할 것이라고 이명박 정부는 대대적으로 홍보하였다.

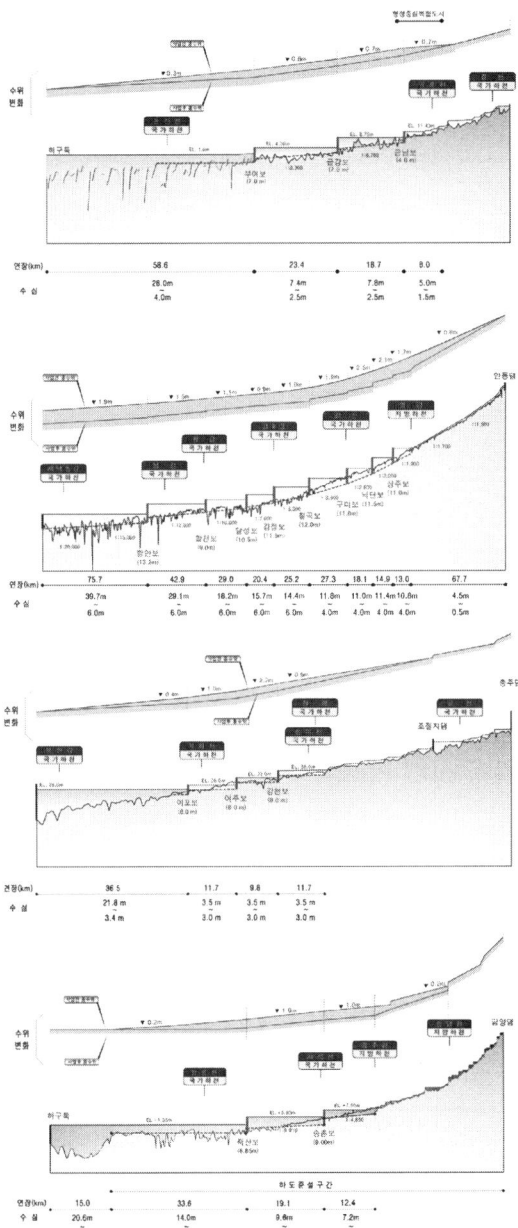

〈그림 1〉 4대강 종단면 계획도. 4대강사업 이후 4대강 본류 모두 홍수위가 올라간다. 따라서 4대강 본류는 홍수에 쉽게 범람할 수밖에 없는 지형이 된다. 일부 제방은 둑 높이기를 했지만 그렇지 않은 대다수 지역은 위험 우량이 올 홍수를 제대로 예측하여 미리 수문을 열어 물을 하류로 내려 보내 계단 늪을 비워놓지 않으면, 4대강 본류는 4대강사업 이전보다 훨씬 더 큰 범람 위험에 처하게 된다. 그림 출처: 국토해양부, 4대강살리기 마스터플랜, 2009.

이러한 4대강사업의 환상적인 장밋빛 목적은 너무 좋아 실현이 불가능한 것이었다. 4대강사업은 총 한방으로 두 마리 토끼가 아니라 수십 마리를 잡겠다는 것이다. 이명박 정부는 자칭 전문가들을 동원하여 과학적 근거도 없는 허황된 논리로 국민을 기만하고 호도하였다.

그런데 대부분의 국민은 늘 그래왔듯이 자신의 세금이 낭비된다는 생각은 하지 못하고 자신과 무관한 국가정책 사업에 대해 실질적인 관심을 두지도 않았다. 심지어는 나라님인 대통령이 강을 깨끗하게 한다며 일부 국민들은 좋아하기도 했다.

아무튼 세금 세탁을 통하여 부를 축적하려는 영혼이 있는 민관이 합심하여 국민에게 부담만 더 지우는 4대강사업을 이명박 임기 내에 끝내 버렸다.

4) 4대강이 죽었다?

김소월은 그의 시 「엄마야 누나야 강변 살자」에서 "뜰에는 반짝이는 금모래 빛/뒷문 밖에는 갈잎의 노래"라며 우리나라의 아름다운 강을 제대로 묘사하였다.

우리나라의 강은 세계에서 찾아보기 쉽지 않은 모래강이다. 모래강이 발달한 이유는 지반의 토대가 화강암이고 강바닥의 기울기가 커 강의 물이 빠르게 흐르기 때문이다. 침식되어 부서진 화

〈그림 2〉 2009년 12월 26일 공사 진행 중인 상주보. 상류에 쌓여 있는 모래가 보인다. 상·하류는 모래가 준설로 퍼내지고 상주보로 물길이 막힌 늪이 되었다.

〈그림 3〉 2010년 3월 6일. 내성천 모래톱.

강암의 알갱이들이 강을 따라 흐를 때 빠른 흐름 때문에 크기가 작은 진흙 성분은 떠내려가고 굵은 알갱이인 모래가 바닥에 쌓여 백사장이 만들어진다.

이 백사장의 모래 알갱이의 표면에는 단세포 조류 등 미생물이 붙어살게 된다. 이 미생물들이 물에 녹아 있는 유기물들을 먹어치워 강물을 맑게 해주는 정수기 노릇을 한다.

그런데 인공 정수기의 여과지를 바꾸어 주는 것과 같은 일을 모래강에서는 흐르는 물이 해준다. 흘러 들어오는 물은 산소를 계속 공급해주고, 흘러나가는 물은 배설물을 계속 씻어내려 보내기 때문에, 미생물이 모래 표면에서 계속 건강하게 살며 유기물을 계속 분해하여 물을 맑게 해줄 수 있는 것이다. 강바닥과 둔치에 쌓여있는 모래는 비용이 들지 않는 무한의 천연 정수기이다.

모래가 쌓여 있고 물이 흐르기 때문에 우리나라 강은 수서생물

〈그림 4〉 2010년 10월 18일 금강 물고기 집단폐사가 백제보 상류에서 시작되었으며, 이명박 정부가 사건을 은폐·축소하는 데 힘을 기울이는 동안 백제보 하류에서 발생한 2차 집단폐사로 죽은 물고기(10월 25일).

들이 건강하게 살아 왔고, 세계적인 자산일 수 있었다. 그런데 4대강사업은 그런 모래를 없애버리고, 실질적으로 댐인 대형보가 물길을 끊어버림으로써 4대강을 진흙탕의 썩는 늪이 되게 하였다. 4대강사업은 세계의 자랑인 우리나라의 모래강을 숨쉬지 못하는 죽음의 늪으로 만들어 버린 것이다.

그런데 4대강사업에 부역하는 자들이 우리나라 강에 쌓여있는 모래를 혈관에 끼인 기름덩어리에 비유하며 동맥경화에 걸린 4대강이라는 터무니없는 주장까지 하였다. 정치꾼들이야 그들의 형님에게 충성하느라 그런 헛소리를 한다 하더라도 전문가라 자칭하는 자들까지 그런다는 것은 놀라운 일이다.

4대강사업을 추진하려면 법적으로 해야 하는 환경영향평가에서도 우리나라 4대강은 도심을 지나는 경우를 제외한 대부분이 자연하천도가 1~3등급이라고 평가하고 있다. 그런데 놀라운 것은 그런 평가를 해놓고도 강을 살리겠다는 거짓 목적의 4대강사업이 추진되는 것을 환경영향평가자들이 인정하고 있는 것이다. 환경영향평가자들은 또한 실질적으로 4대강사업의 내용이 생태계를 죽이는 것에 대해서 인정하면서도, 그런 죽임을 저감하기 위해 이런저런 효과도 없는 대책을 제안하고 있다.

대통령이 국가발전을 위해 선의로 추진하는 통치의 핵심 국가정책 사업이라고 포장된 명분만으로, 숱한 인간들이 거짓의 포장에 적극적으로 참여하며 세금을 내어 비용을 부담하는 국민을 기만하는 이유는 무엇일까.

5) 심장이 아픈데 허파를 수술한다?

　우리나라는 비가 연중 고르게 오지 않는다. 폭우가 오는 우기가 따로 있고, 지역에 따라 우량이 다르기 때문에 일부 지역은 수시로 수해를 입게 된다. 이러한 지역을 상습 수해지역이라고 한다.
　이명박도 2009년 12월 〈대통령과의 대화〉라는 대국민 TV 방송을 통해 강원도 등에서 상습 수해가 일어나는 것을 잘 알고 있다고 했다. 이러한 상습 수해로 인해 매년 수조 원의 수해 복구비용이 들기 때문에, 한번에 22조 원을 투입하는 4대강사업을 함으로써 매년 수해 복구로 들어가는 세금 낭비를 영원히 없앨 것이라고 이명박이 국민에게 장담까지 했다. 이런 말들만을 겉핥기로 연결하면, 상습 수해를 영원히 막는 단 한 번의 예방 사업인 4대강사업은 반드시 해야 할 사업인 것 같은 착각이 든다.
　그런데 황당한 것은 4대강사업이 추진되는 곳에는 상습 수해지역이 없다는 것이다. 4대강사업은 심장에 병이 나 가슴이 아프다며 허파를 헤집어 놓는 수술을 하는 격이었다. 이명박 정부는 심장병이 걸린 국토라는 환자를 살리기 위해 대통령이라는 나라님이 핵심으로 추진하는 허파 수술에 대해 수술비용을 내는 국민들은 세금이나 내며 입 닫고 가만히 있으라고 한 것이다.
　공무원과 전문가들이 대거 나서서, 태풍 루사에 의해 강원도 강릉에서 일어난 수해와 같은 일이 일어나지 않게 예방하기 위해 4대강사업을 반드시 해야 할 것처럼 착각하게 하는 궤변 논리를

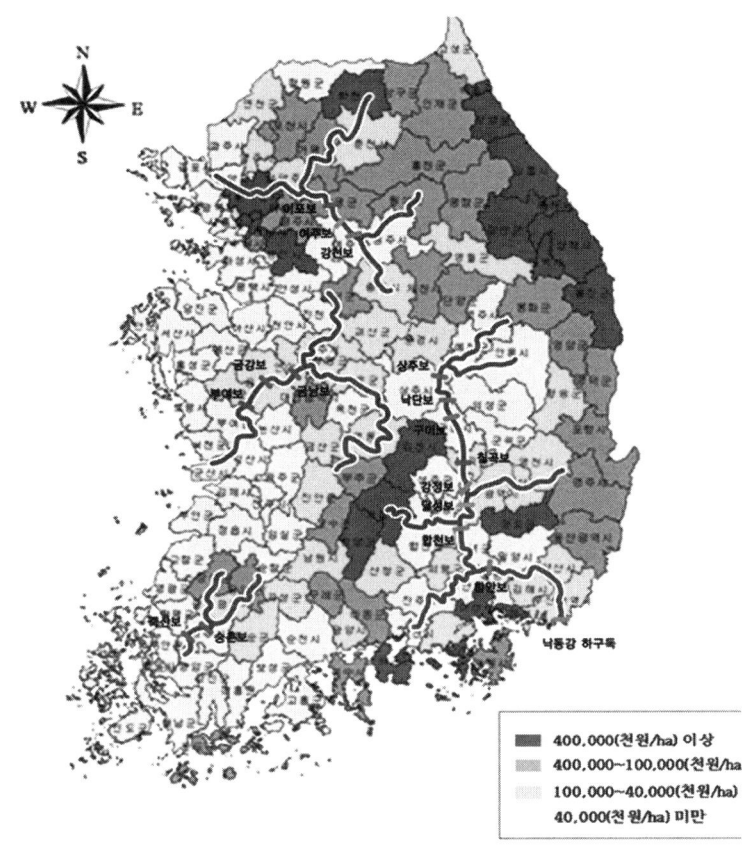

〈그림 5〉 4대강사업의 보들은 국토해양부가 발표한 수해 피해 지역과는 거리가 먼 지역에 위치한다. 출처: 국토해양부, 도시침수피해 방지를 위한 효율적인 방안 연구, 2008.

만드는 데 세금을 낭비하는 일도 서슴지 않았다.

  4대강사업의 진행과정에서 보여준 홍보와 선전은, 불행한 일을 강조하여 그런 일이 일어나지 않았으면 하는 국민의 바람이 커지게 한 것이다. 4대강사업 추진 방식은 불행이 곧 닥칠 것처럼 혼을 빼놓은 후에, 불행 방지와는 전혀 상관이 없는 굿판을 벌이며 마치 그런 불행이 일어나지 않을 것처럼 착각하게 함으로써 돈을 갈취하는 선무당의 전형적인 사기 수법과 닮았다.

6) 죽음의 늪에서 수영을 하라?

서울의 한강 둔치를 걷다보면 수영금지라든지 위험 접근 금지라는 팻말을 종종 볼 수 있다. 이런 팻말이 한강변에 널려 있는 이유는 수중보를 만들어 물이 깊어지고 물의 흐름이 느려지면서 익사의 위험이 높아졌기 때문이다.

사람들은 예부터 고여 있는 깊은 물을 죽은 물이라고 하였다. 물에 적절한 흐름이 있을 때 균형만 잡으면 그 흐름에 의해 몸이

〈그림 6〉 한강 잠실수중보 아래.

〈그림 7〉 2010년 8월 21일 이포보 조감도 사진과 2012년 3월 11일 완성된 이포보 모습. 조감도의 보 산책과 수중광장 물놀이는 볼 수 없다. 사진 촬영 이후 수중광장이 보이는 물가에 수심이 깊고 유속이 빨라 사고 위험이 있어 물놀이를 금지한다는 팻말이 세워졌다. 물이 넘는 보 상부는 수심이 낮아 물이 빠르게 흐르고, 부착조류 등이 자라 바닥이 미끄러워 실족할 수 있어 위험하다.

떠오른다. 하지만, 고인 물에서는 물에 빠진 사람이 알 수 없는 힘에 빨려 들어가듯 물속으로 끌려 들어간다. 그래서 물이 깊은 늪은 늘 음산한 귀신이 사는 죽음의 물로 묘사되어 왔다.

4대강사업은 물이 흘러 물속에 많은 생물들이 건강하게 살던 4대강에 댐 규모의 대형보를 만듦으로써 4대강을 물의 흐름이 멈춘 늪으로 만든 것이다. 이렇게 가두어 놓은 물에서 물놀이 산업이 융성하여 여가문화를 선도하는 지역경제 발전을 이루겠다고 정부는 선전했다.

하지만 4대강사업이 완료된 후 만들어진 계단 늪은 물놀이 산업이 발전한 것이 아니라, 바닥과 고인 물이 썩어 악취가 나고 물고기 등의 주검이 수시로 떠오르는 죽음의 덫이 되었다. 물론 어김없이 수영금지와 위험을 경고하는 팻말들이 여기저기 세워졌다.

사람은 실재하지 않는 환상에 매료되는 경우가 종종 있다. 실재할 수 있는지 아닌지를 판단하기 전에 가슴이 설레는 것이다. 아마 사랑에 빠지는 이유가 여기에 있는 게 아닐까 한다. 무엇인지 모르는 환상을 상대에게서 보고 빠져 버리는 것이다. 콩깍지가 씐 것이다. 그래서 결혼 후 '정신 차리거나 눈을 뜨면 아니 되옵나이다'라는 농담도 하는 것이다.

하지만 국가 대사에서는 국민이 혼미 상태에 빠져 있으면 아니된다. 사기꾼들이 자신들 마음대로 국가 대사를 정해서 국민들이 낸 세금으로 자신들 배만 불릴 수 있기 때문이다. 국민이 깨어 있지 않으면 케인스 방식의 공공정책이 성공하지 못하고 실패할 수밖에 없다. 4대강사업을 반면교사로 삼아 우리 국민들은 이제 실현이 불가능한 멋진 조감도나 감언이설에 속아 우리 국민들이 낸 피 같은 세금을 날려 버리는 일이 생기지 않게 해야 한다.

7) 급하다며 바늘허리에 실을 매다

이수와 치수는 옛적부터 국가에서 가장 중요한 일 중에 하나였다. 큰 가뭄이나 큰 홍수로 피해가 발생하면 부덕한 임금이 쫓겨나기도 한 이유가 거기에 있다. 그래서 국가가 이수와 치수를 위해 하는 사업이라면 반대하기 어렵고 거의 무조건 받아들여야만 할 것 같은 생각이 들기는 한다.

4대강사업은 이러한 사회 심리를 이용해 소수가 탐욕을 채운 대표적인 사업 중 하나이다. 앞에서도 이야기하였지만, 우리나라 상습 피해지역에서 일어나는 가뭄과 수해를 반복적으로 홍보함으로써, 이를 예방하는 사업이 반드시 필요하다는 인식을 국민에게 심어주기 위해 4대강사업을 추진한 세력이 상당히 노력했다. 이러한 홍보와 선전을 위한 비용으로 4대강사업의 추진 세력은 또 다른 많은 세금을 낭비하였다.

조작된 홍보와 선전으로 4대강사업의 추진세력은 상습 피해지역과는 전혀 무관한 4대강 본류에서 벌이는 대규모 토목공사가 마치 상습 수해 예방사업인 것처럼 기만하면서 세금을 낭비했다. 이러한 세금 낭비는 국민의 처지에서는 탕진이고 사업 주체에서 볼 때는 횡재였다.

매년 발생하는 수해와 가뭄 피해를 예방하거나 복구하고 보상하는 국가사업은 반드시 필요하다. 아니, 정부가 그런 사업을 하지 않으면 직무유기나 무능으로 쫓겨나야 할 것이다. 그렇다고 정확한 과학적 검증을 통한 효과를 검토하지도 않고 단지 상습 피해지역의 피해 예방의 필요성만 강조하면서 엉뚱한 곳에 22조 원 이상의 세금을 퍼붓는 것이 정당하다고 우기는 짓은 바보의 행동이거나 사기꾼의 행동이다.

국가가, 다시 말해서 대통령과 그를 추종하는 고위 공직자들과 자칭 전문가들이 국민에게 사기를 친다고 주장하는 것은 참으로 허탈하고 수치스런 일이다. 그런 주장을 하는 것이 싫으니 그들을 바느질이 급하다며 허리에 실을 매고 바느질을 하는 우매한 자들이라고 할 수밖에 없는 상황이다.

기후변화로 비가 오는 모습이 달라져 수해나 가뭄 피해가 더 커질 수 있다며 이명박과 추종 세력은 국민 세금을 들여 이러한 피해를 예방해야 한다고 대대적으로 홍보했다. 그러면서 4대강사업은 그런 피해를 막기 위해 반드시 필요하다고 했다.

그런데 4대강사업은 수해를 막겠다며 수위를 높여 홍수 범람의 위험을 높이는 댐 규모의 대형보를 강줄기에 연이어 건설하였다. 또한 비가 오지 않을 때도 연이어진 대형보 늪들에 물이 찰랑

찰랑 넘실되도록 상류의 다목적댐에서 더 많은 물을 내려 보내야 하기 때문에 4대강사업은 물의 고갈이 촉진되게 하였다. 다시 말해서 4대강사업은 자연적으로 수위가 내려갈 수밖에 없는 갈수기에 보를 찰랑찰랑 보기 좋게 유지하기 위해 상류 다목적댐의 물을 과거보다 더 많이 방류할 수밖에 없게 만들었다. 그래서 결국은 봄에 비가 제때 오지 않으면 정작 물이 필요할 때 상류 댐의 물이 없어 애를 태워야 할 위험을 만든 것이 4대강사업이다.

4대강사업 추진 세력은 궤변 논리로 그럴 듯한 명분을 내세웠지만, 수해와 가뭄 피해가 커질 수밖에 없게 강줄기에 연이은 대형보를 건설함으로써 명분에 배치되는 바늘허리에 실을 매는 짓과 같은 어리석음을 저질렀다.

정말 그들이 어리석은 바보였을까. 어쩌면 그들은 계산기를 잘 두드리는 장사치였을지도 모른다. 사람들이 위생 관념이 커져 실내수영장을 찾게 되었고, 더 현란하고 사치스러우며 자극적인 놀이 기구가 있는 물놀이터 등을 찾게 되었기 때문에 강은 이제 강수욕의 장소도, 놀이 장소도 아닌 시대가 되었다. 그래서 4대강사업 추진 세력은 나라의 주인인 국민 대다수가 관심을 두지 않는 4대강에 아무짝에도 쓸모없는 대규모 토목공사를 벌여 세금 세탁을 한 것은 아닐까.

8) 국민이 주인이다!

　우리나라 헌법에 대한민국의 주권이 국민에게 있다고 규정하고 있기는 하지만 5천만 국민들이 모두 직접 국가를 운영할 수는 없다. 그래서 선출되거나 임명된 소수에게 국가의 운영을 위임하는 규정이 있다.

　그런데 그 위임된 운영 권한은 독단의 독재로 변질되고, 개인을 위해 국가 권력을 사유화할 우려가 있다. 권력 사유화를 막기 위해 위임된 권한을 삼권으로 분리하여 서로 견제하고 균형을 맞추어 나라의 주인인 국민을 위해 국정을 운영하도록 헌법이 규정하고 있다.

　국민 삶의 틀을 규정하는 기본적인 법률을 만드는 입법권을 국회(입법부)에, 국회가 만든 법에 따라 행정을 집행하여 국민의 삶에 직접적으로 영향을 끼치는 행정권을 행정부에, 행정부가 법에 따라 집행하고 있는지 감시하고 견제하는 사법권을 사법부에 나누어 준 삼권분립을 기본으로 규정하고 있는 것이 우리나라 민주헌법이다.

　이에 더하여 국회가 국민을 아랑곳하지 않고 입법하거나 행정부가 집행하는 것 등을 방지하기 위해 헌법 위배 여부를 판단하는 헌법재판소까지 있어, 큰 틀에서 보면 사권분립을 우리나라 헌법은 규정하고 있다.

　이처럼 독선으로 흐를 수 있는 위임 권한을 제어하는 헌법의 장치는 이미 다 갖추어져 있는데도, 아직까지 절대왕정의 나라님 사고 때문에 모두가 제왕적 대통령을 상정해 버리고 있는 것이 현실이다.

그러한 절대왕정 사고에서 벗어나지 못해 4대강사업 추진이나 최순실 국정농단 사태 같은 일들이 끊임없이 일어나는 것이다. 사회가 절대왕정의 나라님 사고에 갇혀 있기 때문에 이제까지 모든 정부가 끝날 무렵 대통령의 친인척 비리가 불거져 처벌받지 않은 적이 한 번도 없는 것이다.

그런데 그릇된 나라님 사고를 불식하는 데에는 정치권 아무도 관심이 없는 듯하다. 나라님 하나에 국가 권력을 모두 주어서 그러니 이쪽저쪽 국가 권력을 여러 나라님들이 나누어 먹을 수 있게 하겠다고 정치권이 난리법석이다.

내각책임제니, 이원집정부제니, 분권형이니, 책임총리제니 하며 선출된 나라님들과 임명된 나라님들이 국가 권력을 나누어 누려야 국민이 행복해진다고 정치권이 종종 여론몰이를 한다. 입법권, 행정권, 사법권에다가 헌법 위배 감시권으로 헌법이 이미 위임 권한을 나누어 견제와 균형을 맞추도록 한 장치가 잘 작동하도록 하는 데에는 정치권은 관심이 없는 듯하다.

그런데 하나든 둘이든 나라님을 형님으로 모시고 일사불란하게 움직이는 동생들이 임명될 내각책임제가 국민을 위해 책임질 것이라고 생각하는 국민은 많지 않은 것 같다.

내치(내무)에 아무 권한이 없는 외치(외교)가 가능한지에 대한 고심도 없는 것 같다. 국내 국정운영과 괴리된 외교라는 것은 있을 수 없다. 우리나라의 외교 담당자와 합의 해보았자 내무 담당자가 수용하지 않으면 아무 소용이 없으니 외국은 외교 담당자를 신뢰하고 대하지 않을 것이다. 결국 국민을 위한 협의는 아랑곳하지 않는 나라님 사고에서 벗어나지 못한 사회에서는 내무와 외교 담당자 둘 중 누가 더 센지 힘겨루기에만 몰두할 가능성이 크다.

국민과 괴리된 이러한 정치권의 정치적 소동이 대통령이라는 한 명의 나라님이 국가 권력을 사유화하는 것을 시기 질투해서 여럿이 국가 권력을 나누어 먹겠다는 것은 아닌지 우려된다.

일제가 나누어준 권력의 감투로 부귀영화를 누리던 친일 세력이 광복 후에도 사욕에 가득 찬 나라님을 중심으로 국가 권력을 사유화하고, 나라님이 만들어준 낙수를 받아먹던 그런 정치 행태가 이제는 없어져야 한다.

오죽하면 6·25전쟁이 발발하자마자 서울을 빠져나간 후 한강 다리를 끊어놓은 상황에서 국민들에게는 녹음기를 틀어 서울을 사수하니 안심하라고 거짓 방송을 했는데도 국부(國父, 나라의 아버지)라 하며 황제처럼 떠받드는 어처구니없는 일까지 있었을까. 임진왜란 당시 왕이 제 살길만 찾아 달아난 일을 떠올리게 하는 일이 있었던 것이다. 이제라도 "대통령(행정장)은 진정한 나라님인 국민을 위해 일하라고 고용된 자에 불과하다"는 것을 대통령은 물론 국민들이 명심해야 할 것이다.

양극단이 아닌 모두가 행복해지는 날을 위해

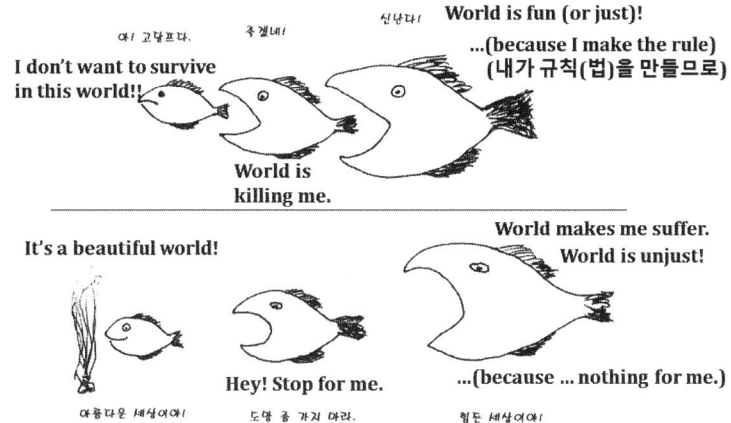

〈그림 8〉 인간의 지배욕을 합리화하려는 상단 그림과 이와 역의 현상을 가정한 하단 그림. 자연은 상단도 하단도 아닌 무심의 공존을 한다.
출처: 정민걸, 「이해하는 생태학: 자연과 사람의 본성을 찾아서」, 2005.

 우리나라 헌법 제1조에 규정된 대로 모든 국가 권력의 주체인 국민이 진정으로 나라의 주인이라는 사실을 정치권은 물론 국민 모두 명심해야 한다. 한 명 또는 소수가 나라님이 되어 국가 권력을 독점하여 부귀영화의 수단으로 삼기 위해 다투는 정치꾼들의 행태 자체는 위헌이다. 이러한 행태는 우리 사회에서 근절되어야 할 병폐 중 병폐이다.

 이제 5천만 국민 모두가 나라님이라는 사실을 바탕으로 선출되거나 임명된 공직자들이 국민 개개인을 진정한 나라님으로 잘 섬기는 민주주의 나라를 구현할 때가 되었다.

2 4대강사업, 탐욕을 위해 권력을 행사하다

1) 대통령의 핵심 사업, 군말 없이 추진하라?

4대강사업이 진행되는 내내 이 사업은 이명박의 핵심 사업이기 때문에 반드시 추진해야 한다고 주장하며 이명박 정부는 사업을 강행하였다. 그런데 이미 지적한 대로 4대강사업은 허구성이 밝혀지면서 중단된 대운하 공약에서 시도했던 대규모 토목공사의 내용을 그대로 이어받아 급조되었지만, 국민을 위한 목적과 효과는 없는 사업이었다.

아무튼 불행이라고 해야 할지 다행이라고 해야 할지, 국가 발전을 위해 선의로 통치 행위를 하는 자리가 대통령이어야 한다는 대전제를 당연한 것처럼 여기며, 나라님인 대통령 이명박이 하라는 사업은 무조건 추진해야 한다는 절대왕정의 전근대적 사고를 4대강사업에서 우리는 확실하게 보게 되었다.

금강사업에 대한 환경영향평가 심의위원회에서 국가공무원인

심의위원 한 명이 금강사업의 문제점들이 지적되자 자신의 개인적인 사업이라면 이런 사업을 하지 않겠지만, 금강사업이 국가사업이기 때문에 반드시 해야 한다고 주장하기까지 하는 일이 있었다. 그러면서 무용지물이 될 수밖에 없는 어도를 지나는 물고기 관찰시설까지 만들어서 관광자원으로 쓰도록 하자며, 그 위원은 더 많은 세금을 낭비하자고 주장까지 하였다.

사실 법적 요건을 달성하기 위해 보에 건설되는 어도들은 실질적인 물고기 통로가 되지 못하기 때문에, 수족관처럼 관람할 수 있는 시설을 만들자는 것은 허황된 주장에 불과하다.

국가 권력을 사유화한 대통령이 하라는 사업은 무조건 해야 한다며, 그 사업을 통해 세금을 세탁하여 버릇한 공직자나 사업자, 전문가들이 늘 해오던 행태를 그 심의위원이 적나라하게 보여준 것이었다. 이런 행태를 사회는 '눈먼 돈 만들기'라고 한다.

권력을 사유화한 그들에게 세금을 내는 국민은 화수분으로 보이는 것이다. 4대강사업과 관련하여 이러한 지적을 하자 한국수자원공사의 한 직원이 자신도 세금을 낸다고 항변한 적이 있다. 그래 그 직원에게 본인이 낸 세금과 사업 참여로 인해 받는 돈과 어느 것이 큰지 물어보았더니 그 직원은 아무 말도 하지 않았다. 그러한 사업에 참여하지 못하는 거의 모든 국민은 그들의 화수분이 되어 가렴주구로 찌들어 살 수밖에 없는 것이다.

앞으로는 대통령이 자신을 추종하는 자들의 이득을 위해서 국가 발전이라는 명분만 내세우는 국정이 아니라, 반드시 국민을 실질적으로 위한 국정을 운영하도록, 국민은 그들의 패거리 논리에 혼미해지지 말고 깨어 있어야 한다.

2) 대통령, 입법부 위에 서다

국회에서 입법한 법안의 취지를 무력화하거나 취지에서 벗어나는 시행령을 입안하거나 개정함으로써 행정부가 입법부 위에 군림하는 일이 비일비재하다. 2015년 이런 입법 취지에 어긋나는 시행령을 무효화하는 국회법 개정안이 여당과 야당 합의로 국회 재적의원의 2/3 이상 찬성으로 통과되어 행정부로 제출된 적이 있었다.

그런데 당시 대통령인 박근혜가 행정부가 일을 하지 못하게 입법부가 발목을 잡는다고 주장하며 거부권을 행사하였다. 나라님 사고에 젖어 대통령이 행정부가 법 위에서 군림하는 것을 방지하는 입법에 저항했다. 그러자 대통령의 행동대원으로서 신분에 어긋나지 않게, 여당인 새누리당이 돌변하는 사태가 발생했었다.

이러한 박근혜의 행태는 독선의 독재로 변질되어 사유화 권력을 막강하게 행사할 가능성이 가장 큰 행정부에 대해 국민을 위한 입법부의 견제를 통해 균형을 잡으려는 헌법을 무시하는 처사였다.

그런데 역설적이게도, 1998년 새누리당의 전신인 한나라당이

야당으로서 박근혜의 동참 속에 앞의 국회법 개정안보다 더 강력한 동일 취지의 개정안을 발의한 적이 있었다.

또한 2005년 야당 국회의원으로서 박근혜는, 앞의 국회법 개정안의 취지와 동일하게, 시행령을 통한 국회 입법권에 대한 행정부의 침해를 규탄하는 주장을 했었다.

사유화 국가 권력을 쥐었을 때와 그렇지 못했을 때 변신하는 정치꾼들에게 국민은 어떻게 보일까. 한 교육부 고위 공직자가 〈내부자〉라는 영화에서 인용한 대로 그들에게 국민은 강아지와 도야지로 보이는 것은 아닐까.

2015년 국회법 개정안이 발의되고 의결된 직접적인 원인 중 하나는 4대강사업을 추진하는 과정에서 이명박이 보여준 행태 때문이다. 국가재정법은 국가 예산 300억 원 이상이 들어가는 사업에 예산이 낭비되는 것을 방지하기 위해 예비타당성을 조사하도록 규정하고 있었다. 이 법에 따르면 4대강사업은 예비타당성 조사를 받아야 하는 것이었다.

그런데 이명박은 느닷없이 국무회의라는 의례적 행위를 거쳐 국가재정법 시행령을 개정했다. 개정 시행령은 긴급을 요하는 재해예방 사업에 대해서는 예비타당성 조사를 하지 않아도 되게 규정하였다. 이 개정 시행령을 적용하여 예비타당성 조사를 하지 않은 것이 위법이 되지 않도록 하기 위해 4대강사업은 수해와 가뭄 피해의 예방을 위해 필요한 사업이라고 포장하는 데 4대강사업 추진 세력이 열을 올리며 국민을 기만한 것으로 보인다. 그런데 4대강사업이 수해를 예방하기 위한 것이라는 그들의 주장에 속아주더라도 긴급함은 없었다.

　대통령이 대의민주주의의 중심인 입법부, 즉 국회 위에 군림하려 하는 것은 국민 위에 군림하는 절대왕정의 나라님 행세를 하는 것이다. 이런 반민주의 행태가 사라질 수 있도록 국가 위임 권한의 한 축인 국회의원은 대통령의 행동대원을 그만두고 독립된 헌법기관으로서 국민을 위해 자율적으로 행동해야 한다.

　또한 국민들도 절대왕정의 나라님 대통령 사고에서 벗어나 대통령, 아니 행정장을 고용한 진정한 나라님, 나라의 주인으로서 국민의 자존감과 자긍심을 찾아야 할 때가 되었다.

3) 사유화 권력, 절차를 무시하다

　민주주의 국가에서 국민이 선출하여 국가 운영의 권한을 공직자에게 위임한 것은 권력을 위임한 것이 아니다. 국민이 국정 운영의 권한을 위임한 것은 선출된 공직자에게 국민을 위해 일할 의무를 지운 것이다. 그래서 의무를 다하라고 국민이 세금을 내어 사무실을 주고 급여를 주는 것이다. 다시 말해서 행정장(대통령)과 국회의원, 지방자치단체장 등을 국민이 선거를 통해 고용한 것이다.

　물론 시험 등을 통해 임용하게 되어 있는 전문직종이나 일반직종의 공무원들도 국민이 세금을 내어 고용한 것이다.

따라서 고용된 공무원들은, 선출직이든 임명직이든, 조직상의 상급자가 아니라 고용주(雇用主)인 국민을 위해 일해야 할 의무가 있다.

그런데 고용인(雇傭人)인 공무원이, 대통령(행정장)이든 국회의원이든, 판사든, 어떤 직종의 공무원이든, 국민에게 의무를 다하는 것이 아니라 군림하는 사회가 유지되는 이유는 많은 사회 구성원들이 국가 권력을 자신을 위한 부 축적의 사적 수단으로 여기기 때문이다. 그들은 자신이 국민보다 더 뛰어나서 선출되었거나 임명되었으니 국민 위에 군림하겠다고 교만을 부리는 것이다.

교만한 고용인이 자신을 위해 국가 권력을 사유화하게 되면 고용주인 국민을 위해 마련된 제도적인 절차와 합리적인 절차를 무시하려 한다. 그러면서 그들은 행정 효율을 높이기 위해서라고 외친다.

국가 권력을 사유화한 나라의 고용인은, 국민의 의사를 듣고 수렴하여 국민을 위한 정책을 마련하는 데 시간을 투자하기보다는, 자신을 위해 빨리 결정하고, 빨리 집행하여 자신이 과실을 빨리 얻는 효율을 높이는 데에만 관심을 두게 마련이다. 그들은 절차를 무시하여 자신이 빠르게 과실을 획득하는 것을 행정 효율을 높이는 것이라고 한다.

4대강사업은 법이 마련한 절차들을 무시하며 진행되었다. 앞에서 말한 대로 4대강사업 추진 세력은 시행령을 대통령 마음대로 개정하여 국민을 위해 마련되었던 절차를 생략하는 것을 합법으로 위장하기도 하였다. 그들은 법에서 하도록 규정되어 있는 사전환경성검토(현 전략환경영향평가)나 환경영향평가를 한두 달의 단기간에 형식적으로 하거나 4대강사업에 대한 발상도 없던 시기에 이루어졌던 4대강 조사를 4대강사업에 대한 사전환경성검토나 환경영향평가라고 포장하였다. 그들은 사전환경성검토와 환경영향평가 과정에서 해야 하는 국민의 의견을 수렴하는 공청회도 졸속으로 하거나 실질적으로 하지 않는 등 국민을 위한 절차를 일체 지키지 않았다.

4대강사업 추진 세력은 대통령의 핵심 사업을 추진하는 데 걸림돌이 되는 절차들을 무시하며 자신들의 과실을 빠르게 획득하는 행정 효율을 높이기만 한 것이다.

많은 민주주의 나라들에서는 수 킬로미터의 하천을 정비하거나 관리하는 사업을 계획하고 설정하기 위해 수년간 시민의 논의와 합의를 거치고도, 계획 수립시 예견하지 못한 오류를 수정함으로써 좀 더 완결성 있게 사업을 진행하기 위해 수년간 걸쳐 사업을 추진하는 일이 일반적이다. 이러한 나라에서는 상상하기 어려운 일이 대통령이 나라님으로 군림하는 우리나라에서 일어나는 것이다.

그들이 세금을 절약한 것이 있다면 국민을 섬기는 절차를 위해 반드시 지출해야 하는 세금이었다. 아마도 절약한 세금만큼 그들의 몫이 커졌을지도 모르겠다.

나라의 주인인 국민은, 대통령(행정장)이든, 국회의원이든, 판사든, 검찰이든, 일반 공무원이든, 국민에게 고용된 공무원이 국민을 위해 국정을 제대로 운영하는지 관리하고 감독해야 한다. 그러기 위해서는 법에 규정된 절차가 충분한 시간을 두고 참여 속에서 합리적으로 지켜져야 한다. 이러한 절차를 무시할 경우 공무원의 배임이나 횡령 등으로 반드시 처벌하는 사회가 되어야만 국민이 주인이 되는 민주화가 완결될 수 있다.

민주화의 완결은 정치꾼들이 사유화 국가 권력을 분점하기 위해 타협하고 야합하는 것을 보장하는 것이 아니다. 정치가들이 국민을 위한 의무를 다하기 위해 헌신하는 정치가 실현되는 것이 민주화의 완결이다. 정치가들 각자가 자신의 이념을 기반으로 실천 방법 등에 대해 국민의 의견을 충분히 수렴하며 진지하게 논의하고 정책을 결정함으로써, 국민을 위한 정치가 실현되는 것이 민주화의 진정한 완결인 것이다.

4) 국가정책 사업, 면죄부가 되다

중앙정부든 지방정부든 정부는 시민을 위해 일하는 것으로, 아니 일해야 하는 것으로 알고 있다. 그런데 실상은 그렇지 않다고 생각하는 사람이 많은 듯하다. 그래서 정부와 관련된 일을 할 때면 줄 댈 사람이 있는지부터 찾는 경우가 많다. 최소한 일처리가 빨리 진행될 수 있다고 많은 사람들이 생각하는 듯하다.

사람이 자기중심이라 그런지 '시민을 위해 일하는 정부'에서 시민은 자기 자신이어야 한다는 무의식의 생각이 있는 듯하다. 정부의 일이 정당하든 아니든 자신에게 이익이 되면 정부는 시민을 위해 일하는 것이고, 자신이 예외가 되는 보편적인 시민을 위해 하는 일에 대해서는 무엇인지 부당함이 있다고 생각하는 경우도 있는 듯하다.

자신에게 이익이 되면, 즉 정부가 지출하는 세금으로 자신이 쓸 돈이 늘어나면, 비용을 누가 부담하든 상관하지 않고 정부가 하는 정책이나 사업은 무조건 지지하는 경향이 있다. 때로는 전혀 실현이 되지 않을 공약이라도 듣기 좋아서 한 표를 주기도 한다. 이런 속성을 아는 정치꾼들은 언제나 감언이설을 하는 모양이다.

대다수는 감언이설에 무감각해져 관심을 보이지 않지만, 일부는 감언이설 속에 자신의 이익이 있을 때 적극적으로 지지하고 참여하려 한다. 그래서 시민 전체로 볼 때 손실이 발생하며, 공익에 해로운 정책 사업들이 소수를 위해 힘 있게 추진될 수 있는 것이다.

4대강사업이 이러한 국가정책 사업의 대표적인 예 중 하나이다.

4대강사업 이전에도, 사기업의 경영 마인드를 도입한다며 추진된 민자사업들 중 상당수도 이러한 사업의 대표적인 예이다. 공공사업이 중앙정부든 지방정부든 국가가 직접 운영하기 때문에 경영 효율이 낮다고 정치꾼들은 주장하며 민자사업을 도입하였다.

하지만 민자사업의 속을 들여다보면, 경영부실은 물론 비리의 온상이 많다. 민자사업을 계획할 때 정부와 맺는 계약은 만일 사업이 예측되었던 수익을 내지 못하면 여러 가지 방식으로 적자를 보상해주도록 하고 있다. 그런데 문제는 거의 모든 경우 예상 수익이 부풀려져 있다는 것이다.

많은 경우 국가 정책기관이나 전문회사 또는 대학 교수 등 용역업자들이 용역을 받아 예상 수익을 분석하는데, 민자사업이 추진되는 것을 정당화하는 결과가 담긴 보고서를 제출한다. 그런 보고서는 민자사업의 예상 수요가 충분히 커서 투자 대비 수익이 있다는 결과를 보여준다.

왜 그럴까. 민자사업을 추진하려고 정책을 입안한 자들이 민자사업에 경제적 효용성이 없다는 보고서를 작성한 경력이 있는 용역업자에게 용역을 줄 리가 없기 때문이다. 그래서 용역업자는 투자 효율이 있다는 보고서를 무조건 내는 것이다. 용역업자가 먹고 살기 위해서 그렇게 할 수밖에 없다는 구실이 있다.

그 결과 민자사업이 실제로 사업을 시작하면 예상 수익을 낼 수 없다. 그러면 정부는 예상 수익과 실제 수익을 비교해서 적자를 국민의 세금으로 메꿔 주게 된다. 정부가 적자를 메꿔 준다는 것은 국민의 세금으로 수익이 없는 민자사업을 운영한 민간업자에게 이윤까지 포함하여 보상함으로써 수지를 맞추어 준다는 것이다. 결국 경영 효율을 내세운 민자사업이 사실은 민간업자가 경영 효율을 높이려고 노력할 필요가 없게 만든 것이다.

게다가 민자사업을 하는 민간업자는 자신의 자금을 한 푼도 투입할 필요가 없다. 정부가 보증하는 사업이니 사업 자금을 100% 융자 받을 수 있다. 따라서 민자사업은 땡전 한 푼 없이 시작하여 노력하지 않아도 국민의 세금으로 이윤을 낼 수 있는 봉이 김선달 사업이다.

그러니 민자사업은 온갖 비리가 일어날 잠재성이 있는 사업이다. 이러한 민자사업이 적자를 면하지 못하는 이유는 민자사업이 원래는 민간이 투자하여서는 이윤을 낼 수 없거나, 이윤을 내서는 안 되는 공익을 위한 사업이었거나, 시장원리에 따른 충분한 소비가 생길 수 없는 사업이었기 때문이다.

민간경영을 도입하여 효율을 높인다는 그럴 듯한 이유를 내세우며, 국가가 추진하는 정책이라는 허위 명분 때문에 반드시 민자사업으로 가야한다고 공적 권력을 사유화한 세력이 국민을 기만하는 것이다.

민자사업이 국민의 세금으로 유지되지 않기 위해서는 소비자가 비용 부담을 늘려야 가능하다. 국민에게 꼭 필요한 것은 소비자 가격을 높이는 것이 가능하다. 결국 국민의 부담만 늘어나고, 보편적인 편익은 줄어들 수밖에 없다. 그런 예의 하나가 영국의 민영화 철도이다.

아니면 사회적으로 수용될 수 없을 만큼 인건비를 대폭 줄이거나 기업의 이윤을 포기해야 한다. 그런데 민영화에 의한 경영 효율화를 구실로 삼는 민자사업은 오히려 세금으로 민간기업 주주의 이윤 배당을 챙겨주고, 경영진의 높은 연봉을 보장하고, 때로는 공무원보다 더 편한 직원을 세금으로 고용하는 민자기업을 만드는 것이다. 따라서 이러한 세금으로 땅 짚고 수월하게 경영할 수 있는 민자사업은 비리가 잠재된 부당한 사업이 되기 쉽다.

4대강사업은 이러한 민자사업보다 더 한심한 사업이었다.

사업의 효과를 계량할 수 없어 평가가 불가능하다. 4대강사업의 효과는 막연히 상습 피해지역의 수해와 가뭄 피해를 예로 들며 이런 피해를 예방한다는 주장이 있다. 강을 늪으로 바꾸면 생태계가 살아난다는 어처구니없는 효과의 주장까지 있다. 또한 4대강사업의 효과가 수십만 일자리 창출과 관광·여가산업 육성에 따른 지역 경제성장이라는 대통령의 터무니없는 주장밖에 없다. 과학적 근거를 토대로 보면 이러한 주장은 모두 허구일 수밖에 없다.

이러한 4대강사업을 추진할 때 국민 세금이 조금 덜 들어간다고 포장하기 위해 한국수자원공사에게 8조 원을 투자하라고 정부가 강제하였다. 정부가 한국수자원공사에게 투자하라고 하였지만 처음에는 손실이 뻔한 사업에 참여하지 않기로 한국수자원공사가 결정하였다. 하지만 정부가 강제하면서 한국수자원공사는 좋은 조건에 사업에 참여하기로 하였다.

정부와 한국수자원공사는 아주 재미있는 계약을 하였다. 한국

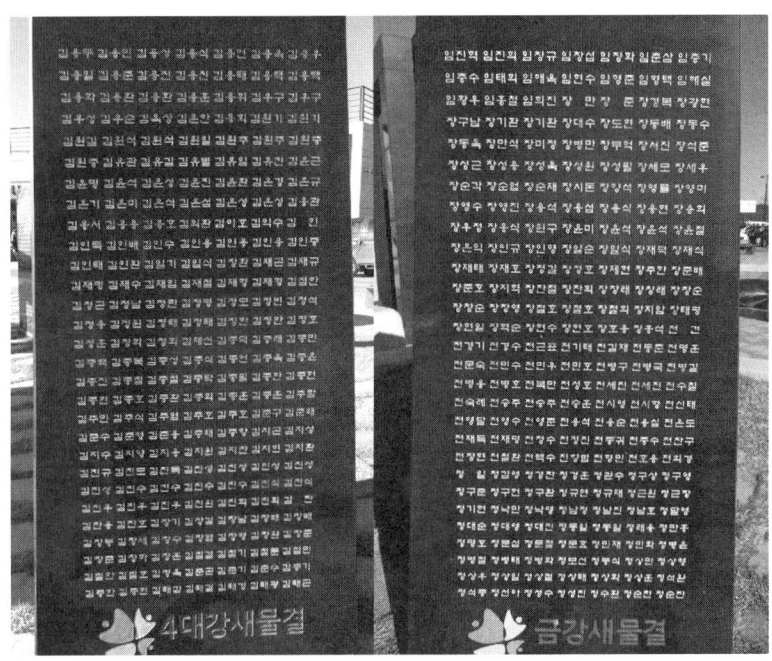

〈그림 9〉 백제보 4대강사업 홍보관 앞에 세워놓은 4대강사업의 단맛을 본 자들의 명단 기념비. 이름만 나오기 때문에 신분이 명확히 드러나지는 않는다. 이름을 명기한 비를 세운 것은 정말로 국가, 국민을 위한 일을 했다면 길이길이 자랑해야 할 훈·포장 명단을 아직까지 공개하지 않는 것과 대조되는 행동이지만 신분이 명확히 드러나지 않기 때문인 듯하다.

수자원공사는 8조 원을 정부가 보증하는 융자를 받아서 투자하고, 융자에 대한 이자는 정부가 내어주기로 계약을 맺은 것이다. 그래서 바지 사장만이 아니라 바지 대출자도 있다는 것을 우리는 알게 되었다. 4대강사업 추진 세력이 일부 민자사업 추진에서 익힌 사기 기술을 4대강사업에 응용한 것으로 보인다.

4대강사업은 또한 국가가 정책으로 추진하는 사업은 온갖 비리가 발생해도 국가 발전을 위한 선의의 통치 행위이기 때문에 국가정책 사업이라는 미명하에 참여한 자들에게 사익만이 아니라 면죄부까지 준다는 것을 여실히 보여 주었다. 심지어는 국민의 부담만 늘어나게 한 4대강사업에 적극 참여하여 국민의 세금을 소득으로 챙긴 수천 명에게 선의의 통치 행위에 따른 국가정책 사업에 기여한 공로가 있다며 국가 훈·포장까지 주는 도덕적 해이가 4대강사업 추진에서 벌어졌다.

공익사업은 이윤이 없더라도 국민들에게 반드시 제공해야 하는 사업을 말하는 것이다. 공익사업의 한 유형은 국민들에게 꼭 필요하지만 민간기업이 할 경우 비용이 너무 들어 판매 가격도 너무 비싸지기 때문에 충분히 공급이 되지도 않고, 소수만이 소비할 수 있는 양의 상품이나 용역을 제공할 가능성이 있는 사업이다. 이러한 공익사업은 정부가 직접 운영하며 비용을 세금으로 부담하여 적정 가격에 충분히 공급함으로써 소득이 적은 계층을 포함하여 국민 모두가 편익을 누릴 수 있게 하여 부를 재분배하는 사업이다.

공익사업은 사업의 성격에 따라 국장이나 과장 직급의 책임자가 총괄하게 하면, 신분이 안정된 별정직 공무원 일자리도 늘어나고, 민자기업 경영진이나 직원 등의 고액 임금과 기업주(주주)의 이윤에까지 세금을 투입하는 일도 사라져 국민 부담이 줄어든다.

5) 4대강사업, 최소 22조 원을 나누어 주었다

공적인 일에서 범죄에 해당하는 일을 저지르거나 비양심적 일을 벌일 때는 가능한 많은 공범을 만들어야 한다. 공범이 많으면 많을수록 공범들이 공적인 일에서 저질은 범죄를 덮거나 혹은 범죄가 아니라고 포장하는 일이 쉬워지기 때문이다. 많은 수의 공범들이 조직적으로 은폐하거나 무죄를 만들기는 아주 쉽다. 또한 수많은 인간들이 함께 저지른 일이기 때문에 양심에 꺼리지 않아도 된다. 나만이 아니라 모두가 저지른 일이기 때문이다.

4대강사업은 이명박 정부가 언급한 22조 원의 직접적인 사업비 이외에도 무수히 많은, 집계할 수도 없는 연계 사업들이 너무도 많았다. 4대강사업으로 생기는 농사의 피해를 보상하는 비용의 상당액은 농림축산식품 부분의 별도 예산이었다. 모든 부처들이 단지 한 인간의 대통령이 밀어붙이는 국가정책 사업이라는 이유만으로 4대강사업을 옹호하고 포장하는 홍보 선전에 예산을 투입하였다.

또한 4대강사업의 내용과 관련하여 비판적일 수 있는 분야에서 4대강사업과 직간접으로 연결된 내용의 조사, 연구 등의 용역사업에 4대강사업 예산이 아닌 국가 연구 예산도 투입되었다. 관련 분야 학자들의 입막음을 위한 것이었는지 정말로 중대한 국가정책 사업이어서 투자한 것인지 명확하게 말하기는 어려울 것이다. 하지만 그 당시 그렇게 만들어진 조사, 연구사업의 결과가 실질적으로 4대강사업의 내용이나 이후 사업에 국민을 위해 실질적으로 기여한 바는 보이지 않는다.

아마도 이명박의 4대강사업 이후 국가정책이나 지방자치단체 정책 미명하에 가능한 예산 규모를 크게 만들어 공범의 수를 가능한 한 늘리는 일이 많아질지도 모르겠다. 고의였든 이명박 정부의 허위선전에 속아서든 4대강사업에 참여한 수많은 사람들이 아직도 4대강사업의 폐해를 받아들이기보다는 직시하지 않고 외면하거나 오히려 옹호하려 하고 있는 예를 경험한 위정자들이 4대강사업의 추진 행태를 따라할 가능성이 커진 것이다.

수십조 원의 국가 예산을 동원하며 국가를 위한 선의로 하는 사업이라고 포장된 국가정책 사업에 참여하면서 많은 사람들이 자신의 참여는 정부가 내세운 선의를 위해서였다고 변명하고 합리화하는 방어심리가 작동할 것이기 때문에 양심적일 수 있는 사람들조차 4대강사업을 옹호하고 있을 것이다.

이제라도 개인적 이득을 취하기 위해 위정자가 국가정책이라는 이름으로 큰 금액의 예산이 들어가는 사업을 추진해 국민 세금을 낭비하는 일이 없도록 국민이 깨어야 한다.

6) 정부의 공익과 국민의 공익이 다르다?

4대강사업 취소 소송을 진행하는 과정은 우리나라 법의 체계

혹은 해석이 매우 불합리하다는 것을 알려 주었다. 4대강사업 취소 소송은 정부가 추진하는 공익과 국민이 누려야 하는 공익이 다르다는 것도 알려 주었다.

정부가 공익을 빙자하며 추진하는 많은 정책과 사업들이 사실은 소수의 부를 위한 사업이라는 것은 사회에 널리 알려져 있다. 그래서 거의 모든 나라에서 로비를 하든 시위를 하든 자신이나 자신의 세력을 위한 정책을 만들고 사업을 추진하게 만들려고 노력하는 것일 것이다.

4대강사업이 내세운 공익도 대단하다. 지역경제 발전을 도모하고, 국민들이 높은 수준의 여가문화를 즐길 수 있도록 하고, 수해와 가뭄 피해를 예방하는 등 세계 어디에서도 찾기 어려운 커다란 공익을 실현하는 위대한 사업이 4대강사업이라고 이명박 등 추진세력은 국가정책이라는 이름으로 주장했다.

그런데 이명박 정부가 주장하는 공익의 실제 수혜자가 없다는 것이다. 가상의, 아니 허구의 공익 수혜자는 있는데, 국민들은 그 공익의 수혜를 받을 수가 없다. 강원도의 태풍 루사 피해와 같은 피해를 예방하겠다고 하였는데(이런 피해 복구를 위해 매년 수조 원이 들어가던 것이 22조 원을 한 번만 들여 4대강사업을 하면 영원히 없어진다고 이명박이 TV에서 주장했으니 분명 강원도에서 그런 피해가 앞으로는 발생하지 않아야 한다), 정작 강원도 도민들은 그 공익의 수혜를 받을 수 없다. 강원도에서는 유사한 사업이 전혀 진행되지 않았기 때문이다.

〈그림 10〉 빗물로 거세진 물의 힘으로 붕괴 위험에 처한 백제보 인근 둔치에 건설된 자전거 도로(2012년 9월 4일).

　공익사업은 비용이 많이 들더라도 다수가 혜택을 입도록 하는 사업을 말하는 것인데, 4대강사업은 수조 원의 투자에 비해 수혜자가 극소수거나 거의 없는 것이 대부분이다.
　예를 들어 둔치에 자전거 도로를 건설하는 것은 국민에게 고품위 여가활동과 건강을 주는 공익사업에 해당한다고 주장할 수는 있겠다. 해를 가리는 것 하나 없는 뙤약볕 아래에서라도 자전거를 타는 소수의 사람은 좋은 사업을 했다고 얘기할지도 모른다. 하지만 4대강사업의 자전거 도로는 그 이외의 용도가 없기 때문에 실제 이용하는 사람의 수를 생각하면 투자 대비 이용 인원이 너무 적다. 더구나 우기 때에 침식이나 강우 범람으로 쉽게 소실되는 모래 위의 자전거 도로를 유지·보수하기 위해 매년 투입되어야 하는 비용을 생각하면 모래 둔치 위에 세운 4대강사업의 자전거 도로 건설은 어리석음 중에서도 가장 어리석은 공익사업이다.

4대강 상당 부분의 둔치에 조성한 소위 생태공원들도 마찬가지로 이용객은 극소수이거나 거의 없고, 유지·보수비용만 매년 낭비하고 있다. 많은 지역은 유지·보수를 포기해서 우범지대처럼 되기도 하였고, 4대강사업 초기에 계획하고 조성한 것과는 다른 애물단지의 공간으로 변질이 되었다.

〈그림 11〉 사람들이 거의 오지 않는 백제보 인근에 조성된 생태공원에 버려진 폐차 (2013년 9월 24일).

4대강사업의 대형보뿐만 아니라 조성된 거의 모든 공간이나 시설은 허구의 공익 수혜자를 내세워 소수의 공무원, 전문가와 사업자의 수익원이 되어버렸을 뿐이다.

이런 것을 보며 정부가 말하는 공익은 철저하게 국가 권력을 사유화한 권력자를 추종하는 소수의 이익을 말하는 것이 아닌지 착각이 든다.

이렇게 공익이 아닌 사익을 추구하는 것이 분명한 국가정책 사업을 중단하기 위한 행정소송도 매우 이상한 공익 보호를 보여주었다.

공익은 불특정 다수가 불특정한 시간에 수혜를 얻을 수 있는 이익이다. 그런데 명백히 사익을 추구하며 공익에 반하고 있는 4대강사업을 중단하게 해달라는 행정소송에서 판사나 변호사들이 한결같이 주장하는 것은 실제로 이 사업의 추진으로 인해서 손실이 발생한 특정인이 있어야 하고 금전으로 보상될 수 없는 손실이 일어나야만 실제 공익에 반하는 정책 집행을 중단할 수 있다는 것이다.

이러한 법학계의 주장은 공익을 구실로 내세우지만 공익은 없이 사익만 추구하는 그릇된 행정 집행을, 특정할 수 있는 사익의 침해가 아닌 불특정 다수에게 발생할 공익의 침해로는 막을 수 없다는 주장인 것이다.

그런데 사실 많은 특정인에게 손실이 발생하더라도 목숨도 금전으로 보상하는 이 시대에 금전으로 보상될 수 없는 손실이 무엇이 있을지 의문스럽다. 공익을 다루는 상황에서 사익 중심의 이러한 법학계 주장은 행정소송을 통해 중단할 수 있는 행정 집행은 없다는 말과 다름이 없는 것이다.

그러니 불특정 다수의 공익은 생기지 않고 오히려 세금을 통해 피해(늘어나는 부담)가 불특정의 모든 국민에게 분산되어 피해자를 특정할 수 없는 공익 훼손이 발생하는 정책 사업은 막을 방법이 없다. 기껏해야 특정할 수 있는 개인의 손실에 대해서만 금전으로 보상을 받기 위한 민사소송만 가능하다는 것이 우리나라의 이상한 법체계이다.

국가 권력을 사유화한 정부 권력은 허구의 공익을 내세운 정책 집행으로 사욕을 채울 수 있는데, 정작 공익의 수혜를 받아야 하는 국민은 세금을 낭비하고 공익을 훼손하는 정책 집행을 막을 수 없다는 것을 4대강사업에 대한 집행정지 소송과정에서 볼 수 있었다.

4대강사업과 최순실 국정농단 사태를 겪은 우리 국민들은 행복해지기 위해서 이제라도 진정한 공익을 실현하는 민주국가를 만들어야 하고, 공익을 보장하고 보호할 수 있는 법체계를 만들어야 한다. 그러기 위해서는 사익을 추구하기 위해 사기 치며 국민 위에 군림하는 정치꾼이 설 자리를 우리 국민이 없애야 한다. 또한, 진정으로 국민을 섬기는 정치가가 존경받는 나라를 올바른 투표와 감시를 통해 국민이 만들어야 한다.

7) 4대강사업의 동인은 탐욕이다

　국가정책 사업은 당연히 국가 발전과 공익 증진에 기여하는 사업이어야 한다. 그리고 많은 국가정책과 그에 따른 사업들이 우리나라의 발전에 기여해 온 것도 사실이다. 하지만 종종 국가 발전이나 공익과는 거리가 먼 국가정책과 사업들이 추진되기도 한다.

　비록 많은 사람들이 정부가 내세운 좋은 명분을 믿고 국가를 위해 기여하겠다고 4대강사업에 종사하였겠지만, 4대강사업은 소수의 탐욕을 채우기 위해 기획되고 추진되었다고 볼 여지가 많다. 그렇지 않다면 선의로 얼토당토않은 일을 하는 너무나도 어리석은 자들에게 국정을 맡긴 것이었다는 말이 된다.

　앞에서도 이야기한 대로 구시대의 유물인 운하 건설의 대규모 토목공사를 하려던 계획이 합리적인 비판에 의해 철회 당하자마자 사회적으로 검토하거나 논의할 겨를도 없이 유사한 규모의 토목공사를 4대강 살리기라는 미명하에 되살리는 4대강사업이 제안되었다. 게다가 4대강사업은 설계도도 없이 공사를 급하게 시작하였다. 또한 한 사람의 임기 내에 4대강사업을 끝내기 위해 강행군을 했다는 것은 4대강사업의 목적이 막대한 국민 세금을 단기간 내에 쓰기 위해 계획되고 실행됐던 것이라는 추정을 가능하게 한다.

　언론, 방송에서 세금 횡령에 해당하는 '눈먼 돈'이라는, 있어서는 안 되는 더러운 용어가 죄의식 없이 보도되는 것이 현실이다. 이에 대한 사회적 자성이나 반성이 거의 없다. 이는 국가정책 사업이 소수의 탐욕을 채우는 수단으로 전락할 수 있는 사회적 바탕이 있다는 것을 말해주는 것이다.

국민의 세금으로 마련된 자금을 '눈먼 돈'이라고 흔히 말하는 사회에서는, 마치 '눈먼 돈'을 가져가지 못하는 사람이 바보인 것처럼 생각하는 경향이 있는 듯하다. 어느 누군가가 가져갈 국가가 마련한 '눈먼 돈'인데 남에게 주기보다는 내가 가져가야지 하는 암묵적 경쟁이 있는 듯도 하다.

더 한심한 것은 이러한 '눈먼 돈'을 얼마나 잘 만드는지가 국회의원이나 대통령 선거에서 표를 얼마나 얻는지에 영향을 준다는 것이다. 그래서 하반기 국가예산 심의가 있을 때마다 '선심성 예산'을 서로 많이 챙기려고 국회의원들이 혈안이 된 것을 국민들이 늘 본다. 언론, 방송도 큰 문제가 없는 듯 경쟁적으로 보도하며 '선심성 예산'을 많이 확보한 국회의원들의 선거운동을 간접적으로 해준다.

그런데 그러한 '선심성 예산'은 규모에 따라 다르겠지만 일정 비율의 비자금 마련이 가능한 토목공사 예산과 관련된 것이 많다. 또한 일과성 행사를 위한 '선심성 예산'을 만들어 행사를 주최하는 소수의 소득이 늘어나게 해주는 경우도 많다. 그 지역의 대다수 사람들은 '선심성 예산'에서 혜택을 별로 얻지 못한다. 오히려 대다수는 실질적으로 세금 부담을 더 지는 것이다.

선거에서는 이해상관이 있는 소수의 적극적 선거운동이 득표에 영향을 줄 가능성이 크기 때문에 '선심성 예산'이 활개 치는 것이다. 정부 예산이라는 세금 세탁 과정을 통해 비용 부담이 전 국민에게 분산되기 때문에 국민이 내는 세금, 즉 자신이 내는 세금에서 나온다는 것을 국민들이 인식하지 못한다. 그래서 대다수 국민이나 주민들이 혜택도 없이 세금만 더 많이 내게 되는 손실에 바탕을 둔 '선심성 예산' 확보가 가능한 것이다. 다시 말해서 정부 예산이라는 세금 세탁 때문에 많은 국민들은 부정직하게 쓰이는 '눈먼 돈'이나 '선심성 예산'이 자신도 모르게 내는 세금이 아니라 그저 하늘에서 뚝 떨어진다고 생각하는지도 모른다.

어쩌면 '눈먼 돈'과 '선심성 예산'의 배경에는, 이제까지 세금은 정부, 권력자가 그저 우리 국민에게서 뜯어가는 것이고 그중 조금이라도 정부, 권력자가 나에게, 또는 우리 지역에 주면 좋은 것이라는 신민 사고에 빠져 있는 사회 상황이 있는지도 모르겠다.

자치에 익숙하지 못한 문화 탓에 이런 상황에 빠져든 것이다. 자치란 자신들이 세운 계획에 맞추어 자신들이 낸 세금으로 계획을 달성하여 자치지역의 발전을 이끌어가는 것이다. 그런데 거의 모든 세수를 중앙정부, 아니 대통령이 좌지우지하며 나누어주던 장기간의 독재 때문에 자치를 한 적이 없어 신민 사고에서 벗어나기 어려운 듯하다.

이승만, 특히 박정희 시절 서울을 중심으로 정치와 경제 행정을 하지 않고, 최소한 몇 개의 정치, 경제 자치권을 상정하고 국정을 운영했다면, 지금과 같은 골이 깊은 지역 갈등도 생기지 않았을 것이다. 또한 중앙정부의 예산을 선심성 예산에 의한 눈먼 돈으로 가져가기 위해 다투는 행태들이 생겨나지도 않았을 것이다.

박정희 사후 진정한 지방자치가 가능할 수 있도록 방향이 전환되었다면 좋았겠지만, 형식적 전환만 한 탓에 여전히 경제도 수도권 중심이 되고, 정치도 대통령 중심이 된 것이 더욱 굳어가고 있다.

돌이킬 수 없을 정도로 서울, 아니 수도권 집중이 커져 버린 것 같지만, 이제라도 몇 개의 경제 자치권을 형성할 수 있는 방향으로 국가 경제체제가 전환되어야 한다. 우리 국민은 이제 짧은 임기의 한 대통령이 짧은 임기 동안에 제 혼자 우리나라 먼 미래를 계획하고 만들어 줄 것이라는 영웅 기대심리에서 벗어나야 한다. 우리 사회는 긴 시간을 두고 우리 국민 모두가 참여하고 만족할 수 있는 장기 계획을 마련하는 민주사회로 전환되어야 한다.

전국을 몇 개의 경제 자치권으로 설정할 것인지, 각 자치권 내에서 세부 지역의 기능을 어떻게 분할할지 등에 대해 장기 계획이 세워져야 한다. 이러한 자치권이 성공적으로 완성되기 위해서는 기본적으로 자치권 내의 세금으로 자치권의 경제가 돌아가야 한다는 원칙이 지켜질 수 있게 방향이 전환되어야 한다. 우선은 과도적인 조세정책과 경제정책의 변화를 이끌어가며 경제 자치권이 확립될 수 있도록 장기 과제가 설정되어야 한다.

긴 호흡으로 느린 듯하지만 빠르게 자치 문화를 정착해가면, 국민에게서 가렴주구로 걷어간 세금을 '눈먼 돈'으로 만들어 자신의 탐욕을 채우는 정책을 세우고 집행하는 정치꾼들과 부역자들이 설 자리가 없어질 것이다.

8) 세금 빨아먹는 하마를 만들다

여름 장마철 공기에 습기가 많아 그대로 두면, 여기저기 곰팡이가 슬어 가구나 옷이 훼손되기도 하고 곰팡이 포자가 날아다니며 호흡기 질환을 일으키기도 한다. 그래서 나온 것이 습기 흡수제이다. 그런 상품 중에 하나가 물먹는 하마이다. 아마도 이것은 큰 덩치의 하마가 많은 습기를 빨아들일 것이라는 연상 작용을 이용한 이름인 것 같다.

그런데 간혹 세금을 지속적으로 눈먼 돈이 되게 하는 정책이나 사업을 일컬을 때도 하마에 비유한다. 이렇게 세금을 빨아들이는 하마의 대표적인 예가 4대강사업이다.

앞에서 이야기한 대로 정부가 그럴 듯하게 포장하여 내세운 4대강사업의 목적은 허구였다. 수해와 가뭄 피해가 상습적으로 발생하는 지역에서 수십 킬로미터 이상 떨어진, 그것도 상습 피해가 이미 거의 예방된 지역에서 하는 사업으로 상습 수해와 가뭄 피해를 예방하는 사업을 한다고 하였고, 홍수 범람을 유발하는 댐 규모의 대형보로 물길을 막으며 수해를 예방한다고 하였다. 물길을 막아 물이 고여 썩게 하는 대형보를 건설하며 강을 살린다고 하였고, 해를 가리지도 못할 뙤약볕에서 야외활동을 해야 하는 둔치에, 그것도 강우에 취약한 둔치에 공원과 자전거 길을 만들어 여가문화와 관광을 활성화해 지역경제 발전을 도모하겠다고 하였다. 서로 배치될 수밖에 없는 구조물들과 시설물들을 연계하는 첨단의 물 통합관리를 통해 세계를 선도하겠다고 이명박 정부는 주장했다.

이러한 허구의 목적을 모두 제거하고 남는 것은 오로지 대규모 준설과 둔치 다듬기, 둔치 나무 심기, 그리고 대형보를 만드는 토목공사뿐이다. 이런 4대강사업의 토목공사 자체가 세금 빨아들이는 매우 큰 하마였다.

국가가 추진하는 대규모 토목공사의 경우 공사 예산의 최소 15%가 비자금으로 빠져나간다는 것은 토목업계의 상식이었다고 한다. 이렇게 빠져나가는 비자금이 없더라도 4대강사업은 무용지물의 토목공사를 하는 자체와 사후 유지 관리가 세금을 일없이 빨아들이는 하마다.

상류와 주변에서 끊임없이 유입되는 토사 때문에 4대강사업이 계획한 수심을 유지하려면 매년 상당한 규모의 준설을 해야 한다. 강우로 무너져 내리는 둔치와 자전거 길도 매번 보수해야 한다. 무성하게 자랄 수밖에 없는 둔치의 풀들도 매년 수시로 제거해야 한다. 게다가 대형보로 갇혀 썩는 물, 특히 번성하여 시각을 자극하는 녹조도 수시로 제거해야 한다.

〈그림 12〉 백제보 늪의 녹조(2013년 8월 20일).

그런데 4대강사업이 강을 개조하여 만들어진 4대강의 계단 늪이 주는 공익의 혜택은 거의 없다. 따라서 국민들은 혜택도 없이 무용지물인 4대강사업의 구조물과 시설을 유지하기 위해 세금을 더 내야 한다. 물론 유지·보수 작업을 하는 사람들은 쏠쏠한 이익을 얻는다. 그리고 매번 반복되는 문제들에 대한 대책을 강구한다며 자칭 전문가들도 미봉책 이외에는 근본적인 해결책도 없는 연구 용역 등을 한다며 영구적으로 신이 날 것이다.

4대강사업은 국민에게는 영구히 세금을 빨아먹는 하마를 만들어 준 것이고, 소수에게는 수익을 영구적으로 가져갈 수 있는 국민의 주머니라는 화수분을 만들어 준 것이다.

자신들의 세금이 줄줄 새고 있다는 인식이 없는 국민들은 4대강의 썩은 물, 녹조가 번성한 물을 맑게 하겠다고 쓸데없는 작업을 하더라도, 강우로 파괴된 둔치를 재조성하더라도 자신과 상관이 없는 일로 착각하고 별 관심이 없다. 하지만 국민을 화수분으로 이용하는 사람들은 그 화수분을 지키기 위해 온갖 노력을 다할 것이다.

9) 탐욕을 향한 권력 잡기를 끝내자!

일제 때 순사와 면서기가 대단한 권력자였다. 광복 후에도 얼마 동안은 경찰과 면서기는 대단한 권력자였던 것 같다. 지금 주민센터 직원은 일반적으로 권력자가 아니다. 경찰은 아직 위세를 부리는 경우가 간혹 있는 것 같기는 하지만 특수한 경우를 제외하고는 순사와 면서기는 이제 국민을 위해 일하는 머슴이 된 것 같다.

그런데 판·검사나, 고위직 공무원, 선출직 공무원 등은 아직도 권력자라는 인식에서 벗어나지 못한 듯하다. 이들은 자신들을 고용한 일반 국민들에게 고압적 자세로 호령한다. 그리고 이들은 그 권세를 이용해 온갖 탈법과 불법을 솔선수범하면서 재산을 모아왔다. 드러날 경우 관행이었고, 모르고 저질러졌고, 사소하고, 사회적 비판이 쟁점이 되기 이전이었다고 변명하며, "새로운 권력 감투를 놓치지 않기 위해" 이들은 사죄하고 깊이 반성한다고 한다.

그래서 우리 사회가 여유 있고 능력만 되면 법학전문대학원에 가서 대를 이어 판·검사 하겠다고 난리이고, 행정고시를 통해 고위직으로 직행하겠다고 매달리는 것이다. 고위직이 되어서는 후에 정무직이나 정치적 자리를 얻기 위해 줄서기 바쁜 자들도 있었다. 그들의 인생 목적이 국가 발전과 국민에 대한 봉사이어야 하는 당위성은 찾아보기 어려운 현실이었다. 이제는 사회가 바뀌어야 한다.

그들에게 위임된 권한을 사유화 권력으로 이용해 재산을 늘리는 데 온갖 심혈을 기울이는 몇몇 때문에 국민들은 더욱 자괴감에 빠져들고 있다. 오죽하면 "내가 이러려고 대한민국 국민이 되었나, 자괴감이 든다"는 자조의 말이 유행하겠는가.

공무원이 되려는 이유가 국민에게 봉사하며 국가 발전에 기여하는 것이 아니라, 자신의 재산을 증식하는 수단으로 권력을 잡겠다는 듯한 행태들을 너무 많이 본 국민들이 공무원을 못된 인간으로 한꺼번에 매도하는 일까지 일어나고 있다. 공무원이 되고 싶어 하면서도 공무원을 미워하는 이상한 현상까지 나타나는 것이다.

아마도 일부 타락한 공직자들은 위임된 권한만으로는 자존감을 느끼지 못하는 모양이다. 어쩌면 그들의 궁극적인 목적이 금전이었는지도 모르겠다. 조금 쉽게 금전을 모을 수 있는 방법이 사유화 권력을 잡는 것이라고 생각하는 것은 아닐까. 돈이 많은 것을 금권이라고 하는 것과 무관하지 않은 것 같아 씁쓸하다.

그래서 그런지 권력은 없어도 돈을 잘 벌 것 같은 의사나 한의사 등이 되기 위해 온통 달려가고 싶어 하는 현상도 보인다. 이과에 있는 고등학생들은 실력만 되면 의대나 한의대, 혹은 약대를 가는 것이 우선순위가 된 세상이다.

의사들의 전문분야도 점점 이·미용으로 바뀌어 가고 있다. 돈을 잘 벌 것 같은 피부과나 성형외과 의사가 되겠다는 의대생들만 늘어난다고 한다. 정작 생명을 구하는 전문 분야는 인기가 점점 떨어진다고 한다. 그것도 나이가 들면서 사회를 더 많이 경험하게 되면 그런 경향이 더 커진다고 한다.

하지만 이러한 의료계 경향이 반드시 돈 때문은 아니라는 측면이 있어서 어느 측면에서는 다행이기는 하다. 외과 분야 등에 대한 외면은 의료 사고에 대한 합리적 해결 방안에 대한 사회적 장치가 마련되지 못한 탓도 있다고 한다.

나라님인 대통령이 추진하고자 하는 의지가 있으면 무조건 추진해야 한다는 그릇된 인식이 앞에서 이야기한 고위직의 금력을 위한 사유화 권력의 최고 정점이다. 그런 인식이 4대강사업의 강행을 가능하게 했고, 매번 들통이 나는 대통령 친인척 비리가 발생하는 근본 원인이고, 최순실의 국정농단이 전방위적으로 일어난 사회적 토대이다.

대통령을 과거 절대왕정의 왕처럼 특권이 있는 신분으로 모시는 사회는 국민에게 희망이 없는 반민주 사회이다. 물론 국정운영의 전반을 책임지는 지도자라는 점에서 국민이 행정장(대통령)

에게 존경과 예를 표하는 것이다. 그런데 대통령으로서 그에 맞는 의무와 명예를 지킬 때에만 전·현직 대통령은 존경과 예를 받을 자격이 있다. 대통령이 의무와 명예를 스스로 저버렸을 때는 더 이상 그 자리에 있을 자격도 없고 존경과 예를 받을 대상도 아니다. 그것이 대통령에 대한 탄핵이 헌법에 규정된 취지이다. 따라서 대통령(행정장)을 절대적 특권이 있는 자로 정의하고 추종해서는 안 된다.

행정장(대통령)은 엄연히 국민이 고용한 직원이다. 대한민국은 국민이 주인인 민주국가이기 때문이다. 다시 말해서 국민이 대통령을 비롯한 모든 공무원의 고용주이다.

따라서 대통령이든, 다른 선출직 공직자이든, 임명직 공직자든, 어느 공직자가 권력을 사유화하는 행위를 했을 때는 가장 엄한 처벌을 받아야 한다. 그런데 공직자나 특히 고위 공직자나 재벌 회장 등 소위 사회적 지도층이라는 사람이 범법행위를 저질렀을 때, 그동안 공직자로서, 또는 재벌 회장으로서 사회에 기여한 바 등등의 구실을 운운하며 처벌하지 않거나 형식적으로 처벌하고 사면하는 특혜를 주는 경우가 왕왕 발생하고 있다.

이렇게 그릇된 사법 인식이 권력 사유화에 대한 유혹을 키우는 것이다. 오히려 그들이 진정으로 사회적 지도자였다면, 더욱더 엄하게 그들의 부패와 비리 행위를 처벌하는 사회가 진정으로 국민을 위한 국민의 사회이다. 이러한 국민의 사회가 될 때 공직자가 되는 것을 금력이 따르는 권력 잡기로 생각하는 그릇된 사고가 우리 사회에서 사라지게 될 것이다. 탐욕을 위해 공직을 권력 잡기 수단으로 삼는 풍토가 사라질 때 진정으로 모든 국민들이 행복해지는 민주국가가 되는 것이다.

3 4대강사업, 자연을 앗아가다

1) 자연의 다양성 사라지다

하천은 다양성이 생명이다. 우리나라 산골짜기에 흐르는 계곡물은 여름에도 시원하고 맑다. 여름에 목이 마르면 마셔도 된다. 샘에서 솟아오른 차가운 물은 짙푸르게 우거진 나무들로 햇빛이 가려져 수온이 낮게 유지되기 때문에, 물속에 미생물들이 번성하지 못하고 낙엽 등 물로 들어온 유기물이 잘 썩지도 않는다. 그래서 수질이 좋고 그냥 마셔도 해롭지 않다.

계곡물로 들어온 유기물 대부분은 빠르게 흐르는 물을 따라 중·하류로 떠내려간다. 이렇게 중·하류로 들어온 유기물은 그 속에 사는 많은 수서생물의 먹이가 되거나 바다까지 흘러들어간다.

빗물에 토사도 계곡물을 통해 중·하류로 들어온다. 큰 돌들은 비가 올 때도 계곡에 머물지만 물의 힘에 의해 작은 돌들은 내려

간다. 하지만 하류로 내려가면서 하천의 기울기도 점점 더 작아지고, 물의 흐름도 점점 더 약해진다. 흐름이 어느 정도 센 상류에는 자갈들이 멈추어 자갈밭이 형성되지만, 굵은 모래들은 조금 더 내려가 기울기가 더 작아진 중류에 굵은 모래사장이 만들어진다. 조금 더 가는 모래들은 흐름이 더욱 약해진 하류로 내려가 가는 모래의 백사장이 형성된다.

하지만 강의 모래는 바다에 있는 모래보다는 더 거칠다. 모래 알갱이가 내려가면서 마모되어 매끄럽게 되는데, 상류 쪽일수록 마모가 덜 된 상태에서 머물고, 바다는 마모가 다 된 모래가 흘러 들어가기 때문이다.

〈그림 13〉 내성천의 횡적 변화(2010년 5월 8일).

하천은 이렇게 위에서 아래로 종적인 변화, 즉 기울기가 있는 물리적 환경이 있는 곳이다. 물론 하천을 가로지르는 횡적인 변화, 기울기도 있다. 하천 폭을 따라 흐르는 물의 깊이와 빠르기가 횡적으로도 다르다.

산과 동산으로 굴곡이 많은, 특히 바위산이 많은 곳에서는 산의 굴곡에 따라 정해진 대로 하천이 구불구불 흐르게 된다. 이때 암벽이 있는 곳에서 물이 막히면 소용돌이가 일어나기도 하고 깊어지기도 하고, 이를 돌아 물이 흐르는 바로 뒤편도 물이 소용돌이치는 깊은 곳이 있기도 하고, 혹은 뒤로 토사가 퇴적되기도 한다. 하지만 매번 비가 오는 정도가 달라 일정한 모양이나 흐름을 유지하는 것이 아니라 하천은 끊임없이 변한다.

물길이 휘어 도는 뒤쪽은 지형에 따라 물 깊이가 점차적으로 얕아지며 백사장이 형성되는 곳이 많다. 연중 비가 고르게 오지 않기 때문에 사계절에 따라서도 하천 모습이 달라진다.

평지에 흐르는 물도 흐르는 곳의 상태에 따라, 즉 조금이라도 더 단단하거나 무거운 알갱이가 있는 곳에서 꺾이어 연하거나 가벼운 알갱이가 있는 곳으로 휜다. 그렇게 휘면서도 물이 흐르는 가운데는 물이 더 빠르게 흐르고 가장자리는 느리게 흐르다.

지금은 사람이 이용하는 편의를 위해 제방을 인위적으로 만들어 하천이 흐르는 길이 정해져 있다. 하지만 자연적으로는 물이 흐르는 길은 이리저리 왔다 갔다 한다. 이런 특성이 살아있는 하천을 뱀이 기어가는 모양과 같다고 해서 사행천이라고 한다.

하천은 물의 깊이와 흐름, 그리고 바닥에 쌓인 알갱이의 크기가 종적, 횡적으로 다르기 때문에 하천에 살고 있는 수서생물들도 종적, 횡적으로 다르다.

수온이 낮고 물이 빠르게 흐르는 계곡에는 물에 녹아있는 산소(용존산소)가 많아야 살 수 있는 물고기 등이 산다. 낙엽을 갉아먹고 사는 무척추동물들도 있다. 앞에서 말한 대로 물속에 미생물

〈그림 14〉 사행하천 항공사진.

이 활발하게 자라지 못한다. 바위 바닥 등에 붙어사는 조류(부착조류)들이 흔히 발견된다.

하류로 가면서 물의 흐름도 느려지고 깊이도 깊어지면서 다른 다양한 다른 생물들이 살게 된다. 하천 폭도 넓어져 하천 폭을 가로질러 다양한 생물도 볼 수 있다.

그런데 4대강사업은 이런 자연 하천의 다양성을 일거에 없애버렸다. 4대강사업은 댐 규모의 대형보로 물길을 막아 4대강을 실질적으로 물이 흐르지 않는 늪으로 만들었다. 그것도 여러 개의

〈표 1〉 수중보 건설 이전 한강의 물고기 서식 분포

위치	물고기	비고
최상류	버들치 우세(버들치 구역) 열목어, 산천어, 금강모치, 버들가지, 연준모치, 둑중개 등	지하 물이 솟는 샘에서 가깝고 겨울에는 물의 온도가 높고 여름에는 참
중상류	갈겨니 우세(갈겨니 구역) 꺽지, 퉁가리, 납자루, 묵납루 등	
중류	피라미 우세 돌마자, 모래무지, 돌고기, 가는돌고기, 참마자 등	
하류	붕어나 잉어 우세(붕어 구역) 메기, 미꾸리, 미꾸라지, 참붕어, 버들붕어, 왜몰개 등	수온이 높고 용존산소가 한강 중에서 가장 적은 곳, 3급수
최하류	은어, 웅어, 싱어 등의 중요 산란지 (웅어 구역) 꾹저구, 풀망둑, 숭어, 농어, 줄공치, 붕퉁뱅어, 뱀장어 등	바다물과 민물이 이어지는 곳

대형보를 연이어 만들어 4대강의 본류를 계단 늪으로 만들었다. 게다가 4대강사업은 마치 운하처럼 강 길이와 강폭 전체가 동일한 깊이가 되도록 대규모 준설을 했다. 이렇게 4대강사업은 4대강에서 하천 고유의 특성인 종과 횡의 지형 다양성을 말살한 것이다.

더욱 한심한 것은 4대강사업이 전국의 모든 4대강을 동일한 모습으로 개조했다는 것이다. 4대강사업은 각자 독특한 모습인 듯 대형보로 겉모양은 바꾸었지만 대규모 콘크리트 벽으로 물길을 막아 모든 곳의 물을 성질이 동일하게 만들었다. 또한 4대강사업은 4대강 모두에 동일한 식생을 심었다.

2009년 말 긴급하게 농촌진흥청에서 발간한 4대강 생태복원 지침서는 4대강의 강변에 중요한 식물종이 100종이 넘는다고 하였다. 그런데 이 지침서는 식재가 가능한 것은 30종밖에 안 된다는 것을 명시하고 있다. 그리고 친절하게 식재 가능한 종을 어느 농원에서 팔고 있는지도 이 지침서는 안내하고 있다. 4대강사업은 100종이 넘는 중요한 자연의 식물종이 자라고 있던 강변을 불도저로 밀어버리고 전국의 강변에 최대 30종의 동일한 식물을 심은 것이다.

그런데 그 식재한 30종도 제대로 살 수가 없다. 왜냐하면 사실 강변의 식물들은 4계절 4대강 물의 역동적인 변화에 따라 역동적으로 위치를 바꾸어가거나 시기를 바꾸어 가며 자라기 때문이다. 그런 강의 역동적인 변동을 대규모 준설과 대형보로 없애 버리고

〈그림 15〉 2009년 말 4대강사업을 시작하자마자 이명박에게 충성하기 위해 농촌진흥청이 발간한 4대강 강변 식생 말살 가이드.

늘 같은 모양에 변동이 없는 물을 가두어 놓은 것만으로도 100종의 중요 강변 식물 중 상당수가 살 수 없게 되었을 것이다.

　사실 멀쩡한 4대강 강변을 파괴한 후 생태복원을 한다는 것도 우스꽝스런 일이지만, 강변 식물의 다양성은 물론 강의 역동성을 무시한 농촌진흥청의 식재 지침서 발행은 쓸모없는 일에 세금을

2 설계개념

4 공구별 식재 수종 선정

- 수목의 규격
  - 참나무 : R12
  - 느티나무 : R12
  - 회화나무 : R12
  - 이팝나무 : R12
  - 소나무 : R25
  - 단풍나무 : R15
  - 메타세쿼이아 : B10
  - 제방숲 수목 : R8

	고수부지숲		제방숲		대파초지군락
	주수종(60%)	부수종(30%, 10%)	주수종(60%)	부수종(40%)	
1공구	참나무류	이팝나무, 느티나무	모감주나무	자귀나무	상록매캥이 + 3종
2공구	느티나무	참나무류, 이팝나무	참나무류	산수유	안개초 + 3종
3공구	느티나무	메타세쿼이아, 참나무류	참나무류	배롱나무	원추리 + 3종
4공구 (소거점)	느티나무	버드나무	-	-	노루오줌 + 3종
5공구	느티나무	참나무류, 메타세쿼이아	오리나무	산수유	부용 + 3종, 유색범부채 + 3종
6공구	회화나무	느티나무, 이팝나무	느릅나무	배롱나무	수레국화 + 3종
7공구	소나무		모감주나무	자귀나무	쑥부쟁이 + 3종
7공구 (소거점)	느티나무	참나무류			
행복1공구	느티나무	메타세쿼이아, 참나무류	참나무류	배롱나무	꽃창포 + 3종
행복2공구	단풍나무	이팝나무, 참나무류	참나무류	자귀나무	구절초 + 3종

* 수목의 품종은 행정여건 및 수목수급상황에 따라 유동적으로 변경 가능함
* 고수부지피복: 월경이, 수크령, 억새 + 3종

〈그림 16〉 4대강사업이 시작되고 2년이 다 되는 시점인 2010년 8월 24일에서야 금강 둔치 설계안을 발표하였다. 이는 4대강사업 환경평가가 거짓이었다는 것을 말해주는 것이며, 이 설계안은 둔치(고수부지)가 하천 공간이 아닌 일반 들판이나 산지라는 전제 속에 수목을 식재할 계획을 보여준다. 자료 출처: 대전지방국토관리청.

낭비한 것이다.

놀라운 것은 "강변을 조성할 때 적정한 수목을 심는 것이 아니라 그때그때 구할 수 있는 수목을 심는 것 같다"는 증언을 4대강사업 중 사후 환경영향 조사에 참가한 식물생태학자가 말한 것이다. 한 인간의 임기 내에 급히 사업을 추진하다보니 동시에 대량의 수목이나 초본, 화초를 심어야 하고, 그래서 적정한 수목이 제때 공급될 수 없었을 것이다. 사실 애당초 강변에 어울리지 않는 산과 들의 나무를 둔치에 심겠다는 설계부터 잘못된 것이다. 하

천의 역동성이 무엇인지 알지도 못하거나 탐욕스러운 자들이 강변 조경 계획을 세워 국민의 세금만 자신들의 수익으로 챙겨간 것이다.

  4대강사업은 이렇게 함으로써 많은 생명들을 4대강에서 사라지게 하였고, 4대강의 경관다양성과 생물다양성도 없애 버렸다. 그런데 이러한 생물다양성 파괴가 예상되었고 실제 그렇게 하고 있는데도 4대강사업을 칭송하거나 침묵한 자칭 하천생태학자라는 사람들이 많았다는 것은 참으로 씁쓸한 일이다.

2) 자연과 사람이 어우러지는 문화를 말살하다

  과거 하천은 자연과 사람의 삶이 함께하는 문화 공간이었다. 사람들이 하천변에 어울리는 농사를 짓기도 하고, 물고기를 잡기도 했다. 하천이 중요한 식량 공급원이었던 것이다. 또한 사람들이 강가에서 자라는 풀의 내음을 맡으며, 이리저리 숨고 달아나는 동물을 보기도 했다. 사람들이 여름이면 물살이 세지 않은 강가에서 헤엄을 치며 놀았고, 겨울이면 얼음을 지치며 놀았다.

  하천과 뭍이 자연스럽게 연결된 둔치를 따라 사람이 쉽게 드나들 수 있던 4대강이 4대강사업으로 사람의 삶과 단절된 저편의 특별한 장소로 변질되었다. 오직 4대강사업은 인위적으로 개조된 공간에서 제한된 활동만 할 수 있도록 계획되었다.

〈그림 17〉 모래톱에 이어지며 수심이 점진적으로 깊어지는 물가가 얼어붙은 내성천 변에서 익사의 위험이 없이 즐기는 자연과 사람의 공존(2009년 12월 26일).

그런데 4대강사업이 끝난 뒤 그렇게 계획된 활동조차 할 수 없게 되거나 활동이 투자 대비 역시 거의 전무하다시피 하다.

예를 들어, 〈그림 7〉(31쪽)의 조감도는 선남선녀들이 수영을 즐기는 멋진 수중 공원으로 건설될 남한강의 이포보를 홍보하고 있었다. 그런데 대형보에 연결된, 그것도 늪 물과 직결된 수영장의 바닥이 사람이 다닐 수 있게 유지될 수 있다고 생각했다면 무지를 넘어 어리석은 것이다. 또한 하중 수영장가에서 아차 실수하여 넘어지는 순간 깊은 늪으로 떨어져 생명을 잃을 수도 있는 구조이다. 결국 이포보의 하중 수영장은 흉물로 방치되었다. 아니 그곳에 들어가면 쉽게 넘어져 생명을 잃을 수 있는 상태이다.

유지될 수도 없는 백사장을 만들어 강변 문화의 장이 될 것 같

3 공구별 설계안

8 행복1공구(7공)

• 기존 설계안
  - 분지 내 체육시설 및 어린이놀이터의 비효율적 배치
  - 기존 송림과의 경관적 연계 미흡
  - 초화 및 Seeding의 산발적 식재패턴으로 인한 산만한 경관 야기

〈그림 18〉 세종보(금남보) 직상류 소수력발전 쪽 하안에 백사장을 조성하여 사람들이 즐기고 있는 조감도(대전국토관리청, 2010년 8월 24일). 4대강사업 초기 세종보에 있던 홍보관에도 백사장에서 사람들이 즐기는 모습의 조감도가 걸려 있었으나 공사 중에 슬그머니 사라졌다. 모래톱이 생길 수 없는 공사를 하면서 이런 조감도를 제시한다는 것이 놀라운 일이다. 도대체 어떤 인간들이 어떤 목적으로 이러한 4대강사업을 설계하고 진행할 것일까.

은 조감도로 선전하던 세종보 직상류의 호변은 애당초 모래도 없는 움푹 들어간 늪 공간으로만 조성되었다. 그래서 오히려 수질을 더욱 악화하는 오염 공급원이 되었다. 세종보의 수문을 완전 개방한 후에는 쌓인 펄이 그대로 남아 풀과 덤불이 우거진 갯골을 연상하게 한다.

사실 모래사장이 만들어지고 유지되려면 토사가 흐르는 물이나

〈그림 19〉 세종보 조감도에 백사장으로 그려진 곳은 물이 고이고 펄(진흙)이 바닥에 깊게 퇴적되어 있고, 심하게 악취가 발생하는 곳이었다. 수문 완전 개방 후 드러난 이곳은 펄층이 깊게 유지되고 있으며 풀과 관목이 무성하게 자라고 있다(2018년 7월 12일).

파랑이 거센 물에 의해 끊임없이 유입되고 물 흐름의 세기에 부합되는 크기의 모래만 쌓이고 진흙이 되는 펄 성분은 떠내려가야 한다. 그런데 4대강사업의 대형보로 막혀 고인 물이 된 호변에는 모래사장이 만들어지지도 않았고, 설령 인위적으로 백사장을 조성하더라도 유지되지 않았을 것이다.

  4대강사업을 추진한 세력은 그런 허위의 백사장 등을 이포보와 세종보의 조감도에 그려 넣고 국민을 기만한 것이다. 무지였는지 사기였는지는 수사되지 않아 알 수 없겠지만, 공사 중간에 홍보관에서 백사장 조감도가 슬그머니 사라졌다는 것으로 볼 때 어느 쪽이었는지 짐작이 가기는 한다.

4대강을 계단 늪으로 바꾸면서 보마다 어도라고 만들었다. 그런데 어도는 농업용수 등을 활용하기 위한 차선책으로 물이 흐르는 하천 중간에 보를 설치할 경우 물의 흐름을 거슬러 올라가거나 따라 내려가는 회유성 물고기 등이 보로 갇혀 물이 멈춘 구간을 우회하여 이동할 수 있도록 만드는 통로이다. 하지만 4대강사업이 연이어진 대형보로 강의 흐름을 근본적으로 차단하여 회유

〈그림 20〉 4대강사업의 중심 내용인 대형보와 대형보 사이 구간의 수면 높이가 같아지는 경우 형성이 불가능한 고마나루 모래톱 유지(설계안에 복원이라고 표기한 것은 명백한 거짓 표현임)를 2010년 8월에 발표한 둔치 설계에도 들어있다는 것은 4대강사업 추진 세력의 무지나 사기 의도를 명확히 말해주는 것이다. 4대강사업 추진 중 보여준 조감도나 설계는 어느 하나 제대로 실현되고 유지된 것이 없다.

성 물고기 등이 생존할 수 없는 계단 늪으로 바꾸어 버렸기 때문에 4대강사업의 어도는 애당초 필요가 없는 시설이다.

실제로 4대강사업이 만든 어도는 물고기의 회유가 없는 무용지물로 유지되고 있다. 물이 연결되어 있으니 간혹 어쩌다가 어도로 들어간 물고기 등이 관찰이 되기는 한다. 그런 것을 보고 어도가 유용하다는 희한한 연구결과를 발표하기도 한다. 심지어는 몇백 미터를 이동하여 건너는 데 며칠이 걸렸다는 관찰을 하고 어도가 유용하다고 결론내린 정부 지원의 자칭 연구도 있다. 4대강사업 부역 연구자들이 참 힘겹고 안쓰럽게도 어도의 유용성을 입증한다.

둔치에 자연을 몰아내고 인위적으로 조성한 수변공원 등은 도심에 가까워 이용자가 어느 정도 있는 경우는 미관을 위해 예전과 다름없게 정비하고는 있지만, 도심에서 먼 곳을 포함하여 많은 곳들이 4대강사업을 홍보한 것처럼 사람들이 모여드는 수변여가공간으로서 구실을 못하고 있다. 도심에서 떨어진 곳은 방치되어 사람의 키보다 더 큰 갈대나 물억새, 개망초 등이 자라서 을씨년스러운 공간으로 변해버렸다.

4대강사업으로 4대강을 사람과 어우러지는 계단 늪으로 개조하여 여가문화공간을 재창조함으로써 사람의 삶을 풍부하게 하며 지역경제를 살리겠다던 기만의 선전문구들에 대해 지금은 4대강사업을 추진한 어느 누구도 변명조차 하지 않고 있다.

이제라도 4대강사업의 대형보를 철거해서 4대강이 다시 자연의 강이 되도록 허용해야 할 때가 되었다. 자연과 사람이 함께하는 우리 국토는 서로 다른 사람들의 존재 가치를 인정하고 함께하는 민주주의의 시작이기 때문이다.

3) 녹색으로 암흑을 가리다

이명박은 녹색성장을 경제성장의 비전으로 내세웠다. 하지만 이명박이 임기를 마치고 국민들은 경제성장을 느끼지도 보지도 못하였다. 오히려 더욱더 '헬조선'이 되었다는 국민의 좌절감만 더 커졌다.

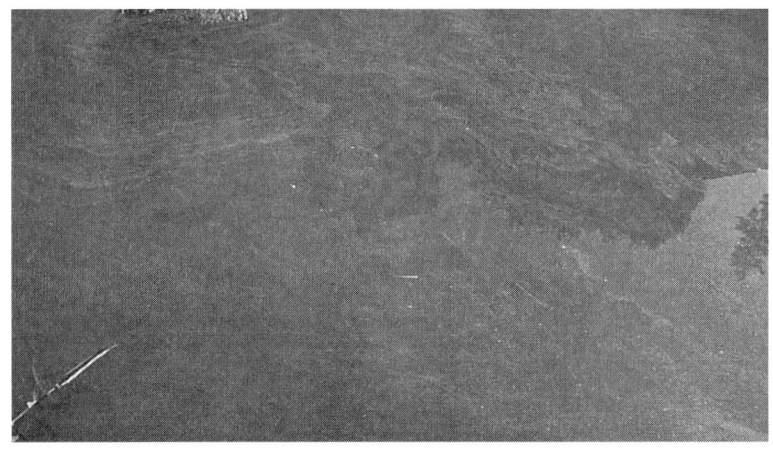

〈그림 21〉 백제보 상류 녹조는 단순히 조류(식물성 부유생물)가 많아진 정도가 아니라 너무 많이 들어가 물에 잘 풀어지지 않은 염료 분말이 퍼져 있는 듯한 모습이다 (2013년 8월 20일).

〈그림 22〉 4대강사업이 완료되자마자 저수지에서나 번성하는 큰빗이끼벌레가 4대강에 번성하였다. 상단은 2014년 6월 24일, 하단은 2015년 6월 24일 금강에서 촬영.

이명박이 녹색성장의 견인차라고 강변하며 법도 절차도 국민도 무시하고 강행한 4대강사업도 부담만 늘렸을 뿐 국민에게 준 혜택은 없다. 녹색성장이라는 글자 그대로에 맞게 계단 늪으로 개조된 4대강은 단세포 조류(식물성 부유생물)들이 극성스럽게 성장하는 녹조라는 녹색의 빛을 연중 보게 되었다.

녹조라는 녹색의 향연 아래 4대강 늪의 바닥은 썩어 들어가 시궁창과 똑같아져 버렸다. 물의 흐름이 멈춘 4대강 늪의 바닥은 펄과 유기물이 쌓여 온통 시커먼 진흙탕이 되어 악취를 만들고, 하수구 바닥에서나 볼 수 있는 붉은 깔따구와 실지렁이가 번성하고 있다.

4대강사업의 대형보 때문에 물이 멈추자 고인 물에서 자라는 큰빗이끼벌레가 늪의 바닥을 온통 덮었다. 그러자 큰빗이끼벌레는 수질이 좋은 곳에 사는 것이기 때문에 4대강사업이 수질을 개선한 것을 보여주는 것이라는 무지한 억지 주장을 하는 자칭 전문가들이 정부 편에서 일시적으로 동원되기도 하였다.

하지만 현실은 맑은 수질이 큰빗이끼벌레의 생존여건이 아니었다. 이끼벌레는 물에 있는 박테리아나 녹조 등 미생물을 여과해서 먹는 동물이다. 그래서 이끼벌레의 생존에서는 물의 흐름이 매우 중요하다. 이끼벌레 종마다 여과하는 기관의 특성이 달라 물 흐름의 세기에 따라 사는 이끼벌레 종이 달라지는 것이다.

4대강의 보 때문에 정체된 물에서 녹조가 번성하고, 축적된 유기물이 썩으며 박테리아가 번성하였다. 녹조와 박테리아 등 먹이가 많아지면서 정체된 4대강의 늪에 수질이 나빠져도 큰빗이끼벌레가 번성하게 된 것이다.

우리나라의 4대강사업 때문에 큰빗이끼벌레가 수질이 나빠도 잘 살 수 있고 번성할 수 있다는 관찰이 이루어진 것이다. 국민의 불행과 함께 얻어진 이상한 수확이다. 그런데 이런 큰빗이끼벌레조차 버티기 어려울 정도로 시간이 가면 갈수록 수질이 더욱 더 나빠지고 있다. 다시 말해서 큰빗이끼벌레가 자연스럽게 사라지는 곳들이 나타나기 시작한 것이다. 이대로 가다가는 4대강이 하수구와 완전히 똑같아져 하수구에서 사는 수서생물 몇 종만 살 수 있는 곳이 될지도 모르겠다는 불안감까지 든다.

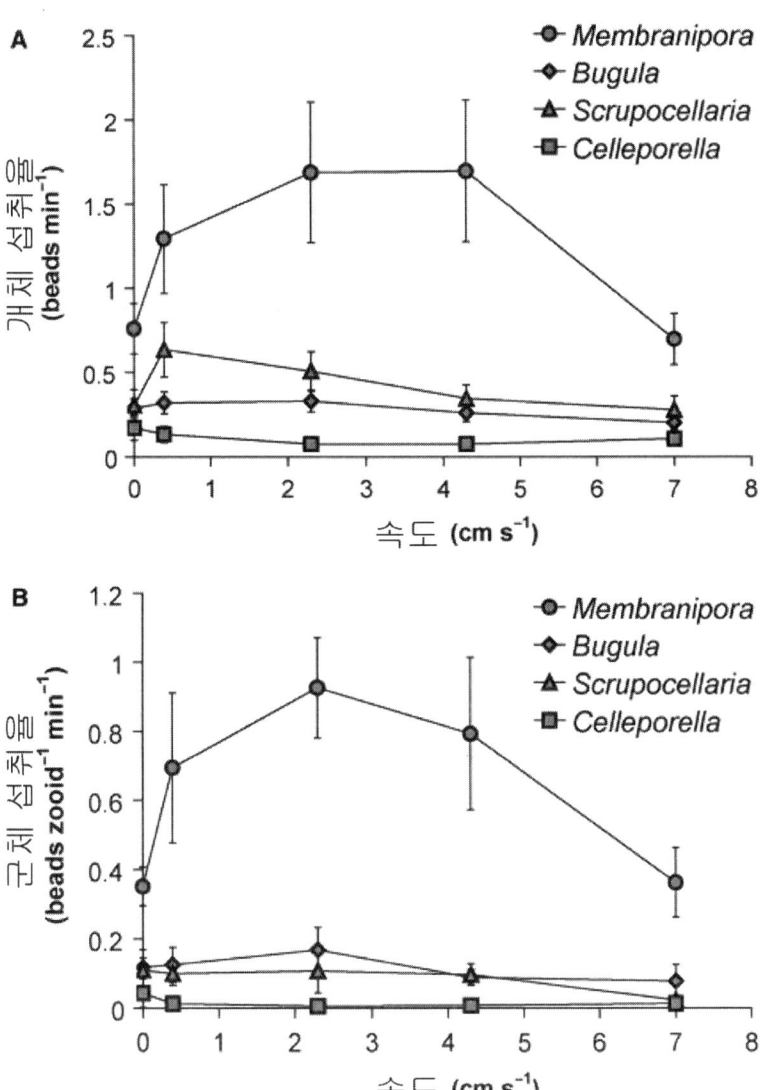

〈그림 23〉 물의 흐르는 속도에 따른 이끼벌레 4종의 입자(먹이)섭취율. A 먹이를 섭취한 개체의 섭취율. B 먹이를 섭취하지 않은 개체들을 포함한 군체의 섭취율. 출처: Pratt, M. C., 2008, *Integrative and Comparative Biology* 48, pp. 808~822.

일시적으로 수문을 여닫는 등 일련의 조치를 취한다면 국지적으로는 수질에 문제가 없는 듯한 곳도 나타나기는 할 것이다. 그리고 수직으로 물이 층이 나누어져 표층을 조사하면 수질이 과히 나쁘지 않게 나오기 때문에 4대강사업 지속 세력은 계속 국민을 기만할 수도 있다. 이런 꼼수에 국민이 더는 기만당하지 않아야 한다.

물이 정체되어 남조류가 번성할 수 있는 수온 이상으로 올라가는 시간이 길어진 4대강의 늪에서는 독소를 분비하는 남조류(남세균)가 갈수록 늘어나고 있다. 4대강 물을 직접 상수원으로 이용하는 지역의 시민 건강이나 생명에 위협이 되는 일이 생긴 것이다. 지금 당장에도 그 물을 마시는 동물들에게는 치명적일 수 있다.

4) 주검의 늪에서 물고기 절규하다

2012년 10월 19일 시민단체 활동가에게서 전화가 왔다. 백제보에서 물고기가 떼로 죽어서 한국수자원공사와 환경부가 물고기 사체 수거작업을 하고 있다는 것을 알려주었다. 4대강사업으로 수서생물들이 살기 어려워질 것이라는 것은 예상되던 일이지만 갑작스럽게 물고기가 집단으로 폐사할 것이라고는 아무도 예상하지 못했었다.

10월 19일 백제보 직상류에서 물고기 사체가 떠오르고 한국수

〈그림 24〉 2012년 10월 19일 백제보 직상류에서 물고기 사체를 수거하는 한국수자원공사. 출처: 충청남도 금강 물고기 집단폐사 민관공동조사단, 2013, 2012년 금강 물고기 집단폐사 조사보고서.

〈그림 25〉 2012년 10월 19일 백제보 직상류에서 죽은 물고기 사체를 수거하는 한국수자원공사. 출처: 충청남도 금강 물고기 집단폐사 민관공동조사단, 2013, 2012년 금강 물고기 집단폐사 조사보고서.

자원공사가 수거작업을 하였고, 다음날부터 백제보 하류에서도 물고기 사체들이 떠올랐다. 아니 그저 사체가 떠오른 것이 아니라 대량의 새로운 물고기 폐사가 발생한 것이다. 10여 일 동안 물고기가 계속 죽어서 떠올랐다.

〈그림 26〉 2012년 10월 25일 새벽 백제보 하류의 둔치에 쌓여 있는 전날 수거된 물고기 사체가 담겨 있는 포대. 우측 상단은 포대 1자루에서 나온 물고기 사체임. 언론과 시민단체는 한 포대의 물고기 수와 포대 수를 바탕으로 수거량을 추정하였다. 20일부터 김종술 기자가 매일 새벽 둔치에 쌓여 있는 포대 수를 확인하였지만, 이렇게 집계한 포대 수는 실제 수거에 사용된 포대 수에 비하여 엄청나게 더 적을 것이다. 따라서 30만 마리 이상이 폐사(수거)되었다는 것은 매우 보수적인 추정이다.

환경부는 약 6만 마리가 수거되었다고 하였지만, 4대강사업 시작부터 지금까지 금강을 거의 매일 감시해온 김종술 기자의 비공식적인 집계는 30만 마리 이상 수거된 것으로 추정되었다. 환경부 관계자의 말을 들어보면 일정 크기 이상인 물고기가 수거 포대 하나에 어느 정도 들어가는지 확인하고 초기에 사용한 포대 수를 곱하여 물고기 폐사량을 추정하여 발표하였다고 한다. 이후 지속적으로 환경부나 국토부, 논산시, 부여군에서 수거한 것은 집계에 포함되지도 않았다. 세월호, 메르스, 조류독감 등에 대한

〈그림 27〉 물고기가 계속 죽어 떠오르는 와중인 10월 23일에도 4대강사업을 홍보하기 위해 한국수자원공사는 여러 지역 주민들을 초청하여 백제보를 관람하도록 했다는 지역신문의 기사. 이러한 홍보를 계속하기 위해 정부는 물고기 집단폐사가 일어났지만 은폐하려 하였고, 시민단체 등에 의해 공개된 이후에도 규모를 축소하기에만 급급하며 물고기 집단폐사의 원인조사도 하지 않고 물고기 사체 수를 제대로 집계하지 않은 것으로 추정된다.

정부의 부실 대응과 장면이 겹쳐지는 일이 일어났던 것이다.

물고기 폐사는 10월 18일 백제보에서 6킬로미터 상류 쪽인 부여 분강나루에서 처음에 목격되었다. 19일 백제보 직상류 4대강사업 홍보관 앞에서 물고기 사체들이 대량으로 떠오르며 한국수자원공사는 물고기 사체들이 눈에 보이지 않게 긴급하게 수거했지만, 물고기가 집단으로 폐사한 사실은 공표하지 않았다.

놀라운 것은 이 와중에도 4대강사업을 홍보하기 위해 긴급히 물고기 사체를 수거하여 물고기 집단폐사가 일어나지 않은 듯 숨

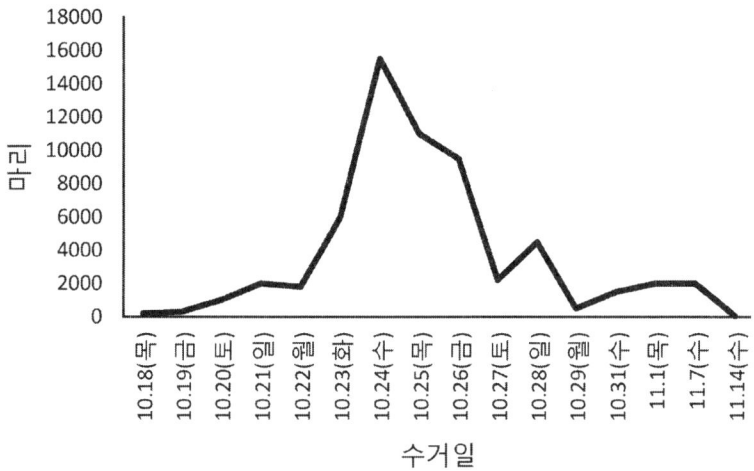

〈그림 28〉 환경부 물고기 수거량의 일별 변화. 10월 18일 물고기 폐사가 백제보 상류에서 발생한 5일 후인 23일부터 물고기 사체 수거량이 급격히 늘어난 것은 모두 백제보 하류에서 수거한 것으로 백제보 상류의 물고기 폐사로 변해 버린 수질 요소가 하류로 내려왔고 물고기 사체도 하류로 내려와 부패하면서 하류에서 수질 변화가 유발되어 백제보 하류에서 2차 물고기 집단폐사가 발생했다는 것을 말해 준다.

기며, 한국수자원공사가 다른 지역 주민들을 불러다가 아무렇지도 않은 듯 백제보, 즉 4대강사업을 자랑하고 있었다는 것이다.

   금강 물고기 대량 집단폐사는 물고기 폐사 초기에 이명박 정부와 한국수자원공사가 사체를 수거하며 사건을 감추기에만 급급하여 제대로 조치를 취하지 않은 결과 물고기 150만 마리 이상이 죽은 것으로 추정되는 역사적인 물고기 집단폐사로 확대된 것으로 보인다.

   한국수자원공사가 부인하고 있고, 한국수자원공사가 사실을 말하고 있다고 믿고는 싶지만, 어쩌면 백제보의 4대강사업 홍보관 초청 행사를 계속하기 위해 수문을 밤에 열어 직상류에 갇혀 있던 물고기 사체와 문제가 있는 고인 물을 갑작스럽게 백제보 하류로 내려 보내는 바람에 2차로 물고기 집단폐사가 백제보 하류에서 발생한 것은 아닌지 의문스럽다.

무엇보다도 충격적인 일은, 이런 심각한 물고기 집단폐사가 일어났는데도, 한국수자원공사, 국토부, 환경부, 충청남도 등 관계 기관의 어느 곳에서도 물고기 폐사의 원인을 밝히는 조사를 하지 않았다는 것이다. 시민단체들이 집단폐사를 알게 되고 원인을 규명해야 한다는 목소리가 높아지자 뒤늦게 원인조사에 나섰다. 결국 시간 다툼이 중요한 물고기 폐사원인 조사인지라 여론에 밀려서 뒤늦게 원인 조사에 나선 환경부는 원인불명이라는 결과만 발표하였다.

물고기 폐사의 경우 물의 상태가 수시로 바뀌기 때문에 물고기들이 죽는 순간의 상황을 파악하는 것은 쉽지 않다. 따라서 가능한 빠른 시점에 물고기 사체의 해부와 생리 상태가 정확히 조사되어야만 한다. 그런데 뒤늦은 환경부 등의 원인조사도 그런 조사를 외면하며 제대로 조사하지 않았다. 다만 독성물질에 대한 조사만 하고 독성물질에 의한 물고기 폐사는 아니고, 원인을 모른다는 무책임한 발표만 정부가 했다.

이후 4대강 전역에서 규모는 상대적으로 작지만 물고기 집단폐사가 수시로 일어나고, 자라 등 수서생물들이 죽는 일도 지속적으로 일어나고 있다. 4대강이 4대강사업으로 죽음의 계단 늪이 된 것이다.

　문제는 단지 이들 수서생물들만의 불행이 발생한 것이 아니라는 것이다. 이러한 4대강 생태계에 발생한 불행은 결국 4대강에 의존하고 강과 함께 살아가야 할 사람들에게도 불행이 발생할 수밖에 없는 주검의 4대강이 되고 있다는 것을 경고하는 것이다.

5) 세금 갈아먹는 다람쥐 쳇바퀴를 돌리다

　정부가 국토를 개조하는 이유는 크게 두 가지 중 하나일 것이다. 하나는 국토의 자연을 없애는 대신 국민들에게 돈을 많이 벌어주는 것이겠다. 그래서 이명박은 4대강사업으로 일자리도 수십만 개를 만들고 지역경제도 성장케 하겠다고 호언장담을 했다. 또한 많은 4대강사업 부역자들이 국토를 망가뜨려 돈을 벌겠다는 부국환경 구호를 외쳤다. 그런데 결과는 일자리도 없고, 지역경제가 더 나아진 것도 하나 없다.

　또 다른 하나는 국토를 개선하는 것이겠다. 그래서 이명박은 4대강을 살린다고 했다. 그런데 죽어있던 4대강 생태계도 아니지만 결과는 4대강사업으로 4대강의 생태계가 살아나기는커녕 죽어가면서 4대강 계단 늪은 처치 난감한 애물단지로 남아 버렸다.

　흐르는 물을 막아놓으니 '고인 물은 썩는다'는 동서고금의 진리에 어긋나지 않게 4대강의 계단 늪은 썩어가고 있다. 이를 미리 예견한 정부가 조금이나마 썩어가는 시간을 늦추기 위해, 세금을 들여 4대강에 유입되는 물을 더욱더 맑게 고도로 처리하는 하수처리장 개선 사업을 벌였고, 효과도 없는 수질 개선 사업이 영구히 진행 중이다.

4대강으로 유입되는 유기오염물질과 비료가 되는 인이나 질소 등 무기영양물질이 줄어들면 4대강사업 이후 고인 물이 썩는 것을 막을 수 있다고 생각했거나 최소한 국민들이 알아차릴 때까지 시간을 벌기 위한 것은 아니었을까. 4대강사업을 하지 않았으면 필요하지 않았을 하수처리장 추가 개선을 위한 예산은 4대강사업 예산이 아닌 다른 예산으로 4대강사업과 무관한 것처럼 위장되어 국민 세금을 추가로 낭비한 것이다.

그렇게 했는데도 4대강의 계단 늪은 날로 썩어가고 있다. 늪의 바닥은 이제 시궁창과 다름없어져 버렸다. 시커먼 펄이 수십 센티미터 이상의 두께로 바닥에 쌓이고, 시궁창에서나 번성하는 실지렁이까지 들끓는 4대강이 되어 버렸다. 이에 대해서는 정부가 '눈 가리고 아웅'하는 미봉책 이외에는 대책도 없다.

또한 물의 흐름이 멈추어 버리니, 우리나라처럼 물이 빠르게 흐르는 하천에서는 실질적으로 성장하지 않는 녹조류나 남조류가 번성하여 4대강의 계단 늪은 수면이 온통 녹색으로 물들어 버렸다. 극심한 녹조를 '녹조라떼'라 하며 국민들이 우려하고 비판하자, 눈에 보이지 않게 제거하는 일에 환경부는 국민의 세금을 낭

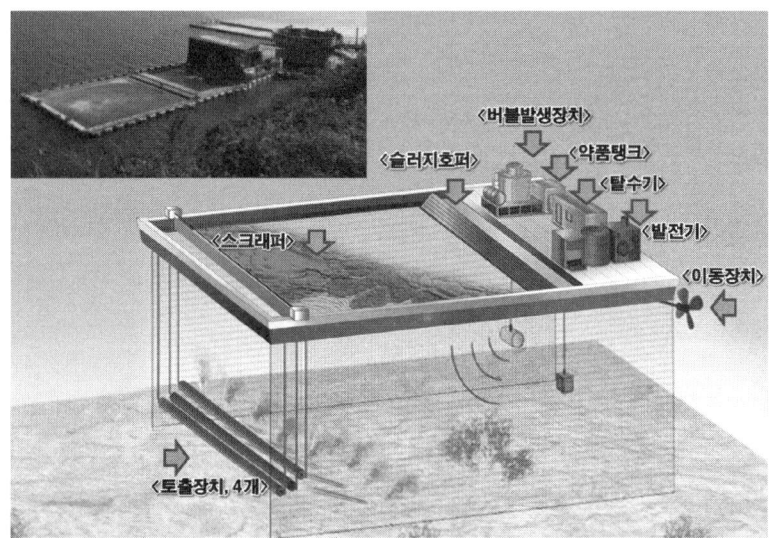

〈그림 29〉 2013년 6월부터 6개월간 4대강 5곳에서 녹조제거 시범사업으로 운영한 녹조제거선. 이 시범사업에 34억 원의 예산이 배정되었다. 4대강 전역으로 확대하기 위해서는 이러한 제거선이 수십 배 이상 운영되어야 한다. 아마도 수십 배가 운영되어도 효과는 없었을 것이다. 매년 수백억 원의 국민 세금을 투입해도 효과가 없을 것을 알았기 때문에 시범 운영 후 확대하지 않은 것 같다. 그림 출처: 환경부.

비하고 있다.

 녹조가 발생하지 않게 할 수는 없으니, 4대강사업으로 이미 번성하게 된 녹조를 눈에 보이지 않게 제거하기 위해 정부는 세금을 퍼붓는다. 4대강사업으로 4대강은 이제 누군가가 국민 세금에 빨대를 꽂고 배를 불리는 좋은 화수분이 된 것이다.

 녹조가 눈에 띄면 4대강사업의 실패가 드러나니 감추기 위해 녹조를 가라앉히는 작업을 위해 정부는 세금을 낭비했다. 아마도 녹조를 가라앉히는 일종의 황토가루를 만들어 공급하는 사람들

은 4대강사업이 되돌려지지 않고 영원히 유지되기를 바랄지도 모르겠다. 이런 측면에서 보면 4대강사업이 국민세금으로 소수의 일자리를 만들고 그들의 경제에도 영원히 기여하는 사업이라는 것이 맞는 말이기는 하다.

녹조 발생을 막겠다며 시범사업으로 정부는 미세공기방울(마이크로버블) 발생기를 설치했다. 하지만 이는 녹조류 성장에 대해 이해하지도 못하며 저지르는 참으로 어리석은 일이다. 녹조류는 유기물이 분해되어 나오는 인 등의 무기영양물질을 비료로 흡수하며 성장하고 번식한다. 그런데 미세공기방울을 만들어 수중으로 퍼뜨리는 일은 물의 대류를 촉진한다. 따라서 미세공기방울 발생기는 바닥에 분해되어 고여 있던 무기영양물질을 녹조가 자라는 표면으로 올라오게 하여 녹조류가 오히려 더 잘 자랄 수 있게 만드는 것이다.

또한 너무 무성해서 빛이 수중으로 들어오지 못하게 하던 표층의 녹조를, 강력하게 분사되는 미세공기방울이 흐트러뜨림으로써 미세공기방울 발생기는 빛이 조금 더 잘 투과되어 표층 전체에서 녹조류가 고르게 번성할 수도 있게 해 준다.

◀〈그림 30〉 수질정화 방법 중에 수중에 공기를 공급함으로써 산소를 소비하며 유기물을 분해하는 원리를 이용한 것으로 보이는 마이크로버블기가 녹조 발생을 억제한다며 4대강에 시범 도입되었다. 금강 공주보 직상류에 조성된 수상공연장을 오탁방지막으로 격리하고 설치한 마이크로버블기가 작동하고 있음에도 불구하고 녹조의 녹색이 뚜렷이 보이며, 수면에 오염된 물질들이 막을 이루어 덮고 있다(2015년 5월 26일).

〈그림 31〉 금강 큰빗이끼벌레(2014년 6월 24일).

    이런 사업을 4대강 전역으로 확대하여 매년 수백억 원에서 수천억 원의 세금을 낭비하려다 시범사업만 유지하고 있는 실정이다.

    게다가 저수지에서나 사는 큰빗이끼벌레까지 창궐하였다. 물이 고여 녹조와 세균들이 번성하자, 이런 것들을 걸러먹는 큰빗이끼벌레가 번성한 것이다. 이것도 눈에 보이지 않게 하기 위해 한국수자원공사가 배를 몰고 다니며 바닥을 휘젓기도 하지만, 먹이인 녹조류와 세균이 번성하는 한 마땅한 대책이 있을 수 없었다.

    다만 큰빗이끼벌레가 살 수도 없을 지경까지 수질이 더욱더 나빠지면 큰빗이끼벌레는 대체로 사라질 것이다. 실제로 많은 지역에서는 수질이 너무 나빠져 큰빗이끼벌레가 자연스럽게 사라지고 있다. 그런데 녹조를 조금이라도 덜 생기게 하고 창궐한 녹조를 제거하기 위해 수문을 일정기간 여는 일을 간헐적으로 반복하면, 국지적으로는 큰빗이끼벌레가 살 수 없는 환경으로 되기 전에 다시 잘살 수 있는 곳으로 되돌려진다. 4대강에 여전히 큰빗이끼벌레가 많이 존재할 수 있는 여건이 4대강 계단 늪에 정착되는 것이다.

생태공원으로 만들겠다며 4대강의 둔치를 깎기도 하고 쌓기도 하여 평평하게 만들었지만, 정작 사람들은 오지도 않는 생태공원 등을 유지하려면 매년 수백억에서 수천억 원의 세금이 투입되어야 한다. 그렇게 할 수 없으니 많은 곳들이 방치되고 있다. 그렇지만 사람들의 눈에 잘 뜨이는 곳은 매년 새롭게 자라는 갈대나 물억새, 개망초 등 풀들을 제거하기 위해 국민 세금이 영원히 퍼부어져야 한다.

4대강사업은 국민의 세금을 황금알 낳는 거위로 만들어 소수가 돈잔치를 할 수 있도록, 영원히 돌아가지만 목적지에 도달할 수 없는 다람쥐 쳇바퀴를 국민의 세금으로 만들어 놓은 것이다.

이보다 더 큰 문제는 막대한 국가 예산을 투입할 수 없어 4대강의 광활한 둔치 전체의 무성한 풀이 방치된 곳이 사람의 시야가 가려지고 접근하기 어려운 우범지대로 변한다는 것이다. 4대강사업 이전의 옛 둔치는 도도히 흐르는 강물의 자연적인 역동성에 의해 강의 물들이 매년 새롭게 흐트러뜨려 놓음으로써 넓은 백사장이 펼쳐지었고, 무성한 풀밭은 제한되었었다.

6) 국민의 생명을 위협하다

 방치되어 사람의 키를 넘는 큰 갈대 등이 무성한 둔치 숲은 사람이 접근하기 두려운 곳이 되어버렸지만, 사람들이 가지 않거나 끌려들어가지 않으면 안전을 위협하지는 않을 것이다. 그저 멀리서 바라보며 녹색의 향연을 즐기는 녹색성장이라고 애써 자위할 수는 있을 것 같다.

 하지만 대형보로 강의 물길을 막고 강 수위를 높여 놓는 바람에 강 주변의 지하수위가 올라가 버려 농사를 지을 수 없게 된 농부들에게는 4대강을 이대로 방치할 수 있는 문제가 아니다.

 이런 엄연한 예측을 4대강사업을 추진한 정부나 자칭 전문가들도 알았기 때문에 농지개량 사업이라는 구실로 일부 강 주변 농지를 수십 센티미터 이상 높이는 일까지 했다. 하지만 이런 인위적인 농지 높이기를 하지 않거나 충분하게 하지 못한 곳은 수위 증가로 농토가 물에 잠긴 것과 다름없이 되어 농사를 짓지 못하게 되었다.

 당장에 이들 농부의 생명을 앗아간 것은 아니지만 농사를 짓지 못해 발생하는 손실을 세금으로 영구적으로 보상하지 않거나 대체 생계수단을 마련해주지 않는다면 4대강사업은 농부들을 실질적으로는 죽음으로 몰아넣은 것과 다름없는 사업이다.

 일시적으로 보상하고 이후는 알아서 생계수단을 전환하라고 하는 것은 무책임한 정부나 하는 일이다. 그렇다고 일부러 곤궁에 빠뜨리고 나서 세금으로 영구적으로 책임을 지는 짓은 더욱 무책임한 것이다.

반면에 변경된 지하수위에 맞추어 농업방식을 전환한 농부들에게는 4대강사업으로 개조된 4대강을 원래대로 되돌리는 것이 또 다른 생계 위협이 된다. 물론 이들도 4대강사업 이전으로 되돌아가면 될 것이지만, 그러한 전환의 고통을 다시 겪어야 한다. 또한 재전환의 과정에서 국민은 또 다른 보상을 위해 세금을 부담해야 한다. 이렇게 부담되는 세금은 국민에게 혜택은 없고 손실만 끼친 4대강사업이 없었다면 국민에게서 걷지 않았거나 국민을 위해 적절하게 집행될 수 있는 세금이다.

그런데 4대강의 계단 늪은 이제 이런 위험보다 더 직접적인 위험이 상존하게 되었다. 녹조가 번성하게 된 것이다. 그것도 계절을 타지 않고 연중 녹조가 번성하게 되었다. 단순하게 녹조가 번성하는 것이 아니라, 이 녹조 속에 남조류(남세균)라고 하는 수온이 높은 곳에서 잘 자라는 독소물질을 분비하는 조류가 함께 번성하게 된 것이다.

남조류는 수온이 25℃ 이상 며칠 동안 유지되면 번성하는 조류이다. 4대강사업 이후 고인 물의 양이 늘어난 4대강의 계단 늪은 이런 환경이 되어 버렸다.

기후온난화에 따른 기상이변에 대비하기 위해 추진했다는 4대강사업은 물이 흘러 남조류가 자라지 않던 4대강을 이러한 남조

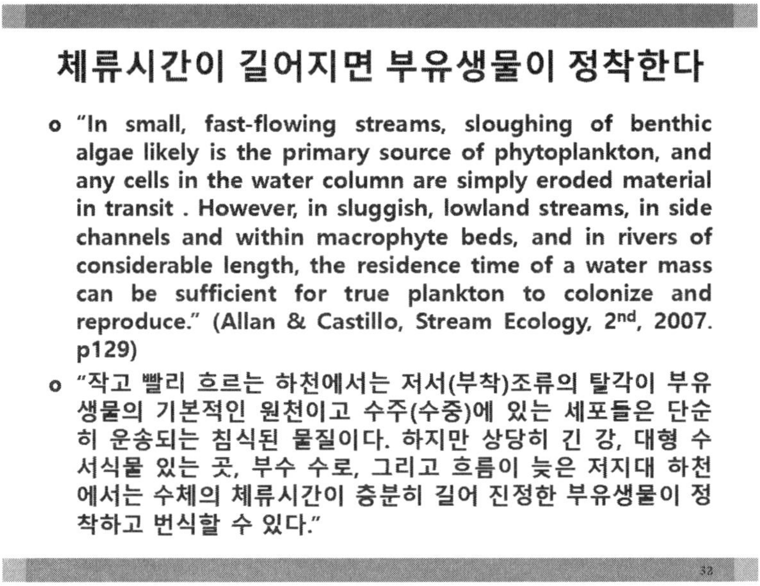

체류시간이 길어지면 부유생물이 정착한다

o "In small, fast-flowing streams, sloughing of benthic algae likely is the primary source of phytoplankton, and any cells in the water column are simply eroded material in transit . However, in sluggish, lowland streams, in side channels and within macrophyte beds, and in rivers of considerable length, the residence time of a water mass can be sufficient for true plankton to colonize and reproduce." (Allan & Castillo, Stream Ecology, 2nd, 2007. p129)

o "작고 빨리 흐르는 하천에서는 저서(부착)조류의 탈각이 부유생물의 기본적인 원천이고 수주(수중)에 있는 세포들은 단순히 운송되는 침식된 물질이다. 하지만 상당히 긴 강, 대형 수서식물 있는 곳, 부수 수로, 그리고 흐름이 늦은 저지대 하천에서는 수체의 체류시간이 충분히 길어 진정한 부유생물이 정착하고 번식할 수 있다."

〈그림 32〉 흐르는 하천에서는 단세포 조류(식물성 부유생물)가 번성할 수 없고 물의 흐름이 매우 느린 하천이나 정체된 물에서만 조류가 번성한다는 것은 잘 알려진 사실이다. 따라서 하천의 흐름이 멈추거나 느려지는 곳에서만 녹조가 발생할 수 있다.

류가 더 잘 자라는 환경의 계단 늪으로 개조해 버렸다. 4대강사업이 어떻게 이런 일이 일어나게 했을까.

저수지나 강의 수온은 기온과 강 물속으로 들어가는 햇빛에 의해 결정된다. 기온이 높으면 열이 공기에서 물로 전달되어 수온을 올린다. 하지만 공기가 머금고 있는 열은 많지 않기 때문에 저수지나 강의 수온 상승에 훨씬 더 큰 영향을 끼치는 것은 햇빛이다. 강 물속으로 들어간 햇빛을 물이 직접 흡수하여 수온을 올리기도 하고, 바닥까지 투과된 빛은 바닥에 흡수되어 바닥의 온도를 높인다. 이렇게 바닥에 축적된 열이 지속적으로 물에 전달되어 수온을 높인다.

4대강사업은 대형보로 물길만 막은 것이 아니라 햇빛이 들어가는 면적까지 넓혔다. 따라서 4대강사업 이후 물에 전달되는 햇빛의 열이 더 많아졌다.

그런데 강의 물이 흐를 때는 하류로 흘러 내려가는 물이 바닥의 열을 받아들여 아래로 끊임없이 내려가고 궁극적으로는 하구를 지나 부피가 엄청나게 큰 바다로 내려가 버린다. 하지만 대형보로 물의 흐름이 막힌 4대강의 계단 늪에서는 그곳에 비추어 바닥을 덥힌 햇빛의 열이 그대로 그곳에 갇히게 된다. 이 영향은 수온 상승에 가장 중요한 요인 중 하나이다.

들어오는 햇빛의 열도 많아지고, 특히 열이 하류로 내려가 없어지지도 않기 때문에, 남조류가 번성할 수 있는 높은 수온이 유지되는 날짜와 시간이 4대강사업 이전보다 더 늘어나는 기본 환경이 4대강사업으로 조성되었다.

게다가 물은 비열이 높아 작은 부피에 많은 열을 축적하고 있을 수 있는데, 4대강사업으로 공기와 닿는 면적 대비 부피가 늘어나 수표면을 통해 물이 잃어버리는 열이 적어져 더 늦게까지 수온이 따뜻하게 유지된다. 결국 바닥을 준설하고, 대형보로 수위를 높여 갇혀 있는 물의 양을 키워놓아 4대강의 계단 늪은 4대강사업 이전보다 수온이 밤늦게까지 더 오래 따뜻하게 유지될 수 있게 된 것이다.

다시 말하자면, 4대강사업 이후 4대강의 계단 높은 갇혀 있는 물의 양이 늘었기 때문에, 처음에 아침 햇빛으로 수온이 올라가는 속도는 느려졌지만 일단 올라간 수온은 해가 진 후에도 부피 대비 표면적이 작아졌기 때문에 느리게 떨어진다. 다음날은 더 높은 수온에서 이러한 과정이 반복되며 수온이 나날이 높아질 수 있게 되었다.

따라서 4대강사업 이후 남조류가 번성할 수 있는 수온이 유지되는 시간이 길어졌다. 심지어는 겨울에까지 조류가 번성할 수 있는 수온이 오래 유지될 수 있는 여건이 마련되어 일부 구간의 4대강에서는 이제 겨울의 녹조까지 관찰된다.

이렇게 남조류를 포함한 조류 번성이 가능한 수온의 유지 시간이 물의 정체와 함께 녹조 발생에 더욱 중요한 요인이라는 것을 4대강사업은 확인해 주었다.

문제는 이들 남조류가 동물은 물론 사람에게 치명적인 독소물질을 만든다는 것이다. 아열대지역에서는 남조류의 독소물질 때문에 물가의 동물들이 폐사하는 일이 빈번히 발생한다. 브라질에서는 심지어 남조류가 번성한 물이 정수되어 신장투석에 이용된 환자 131명 중 52명이 간독성 때문에 사망하는 일까지 발생했다. 남조류 독소는 간암 등과 연관된 것으로 보고된 바도 있으며, 최소한 암 세포의 성장을 촉진하는 것으로 알려져 있다. WHO는 체중 60킬로그램인 사람이 하루 2리터의 물을 마실 경우 물에 남조류 독소인 마이크로시스틴 농도가 $1\mu g/L$보다 낮아야 한다고 권하고 있다(California Environmental Protection Agency, 2009, Microcystins).

지구온난화에 따른 기상이변을 대비하기 위해 추진했다는 4대강사업은 지구온난화로 높은 수온이 더욱더 오래 유지될 수 있는 4대강 계단 늪의 물을 상수원으로 하여 마시는 국민들의 생명에 치명적인 위험을 상존하게 만든 것이다.

7) 사람이 자연과 더불어 사는 문화를 회복하자!

사람의 탐욕 때문에 강에서 자연적인 것들을 몰아내면 결국에는 강이 사람까지 접근할 수 없는 곳이 되어버린다.

정부가 조감도를 멋있게 그릴 수는 있다. 하지만 4대강처럼 큰 규모의 자연을 조감도의 모습으로 유지하기 위해서는 밑 빠진 독에 물 붓는 격으로 정부는 국민의 세금을 끝없이 퍼부어야 한다. 밑 빠진 독 아래에 깔때기를 대고 세금으로 배를 불리는 사람을 위해, 4대강에서 숱한 동식물들을 내쫓고 국민까지 위험에 처하게 해야 했는지 우리 국민들은 곰곰이 생각해 보아야 할 때가 되었다.

더는 국가를 팔아, 국민을 팔아 사유화한 국가 권력을 중심으로 한 소수가 부귀영화를 누리던 전근대의 그릇된 귀족의식이 사라져야 한다.

어린 시절, 환경보호니 자연보호니 하는 알량한 구호도 없던 시절은 사람들이 시내나 강에 가서 멱도 감고, 물고기도 잡고, 둔치에서 뛰어놀기도 하며 즐겁게 놀았다. 시내와 강은 입장료도 없고 유지비용도 없는 즐거운 놀이터였다.

과거의 삶은 자연 파괴라는 생각조차 없었고, 자연에서 놀고 자연에서 나는 것을 먹으며 자연과 함께하는 삶이었다. 아마도 인구와 산업에 따른 오염이 적어 사람들이 직접적으로 자연에 들어가 인위적인 행위를 하더라도 자연에 끼치는 영향이 작았기 때문에 이러한 삶이 가능했을 것이다.

한편으로는 지금과는 위생 개념이 다른 것도 이러한 삶을 살 수 있었던 이유 중 하나일 것이다. 지금은 돈을 들여 깨끗하게 정수한 물을 먹고 정수한 물에서 수영을 하는 문화가 되어 무엇인지 떠다니는 물, 아니 정수하지 않은 물은 위험하다는 인식이 마시지 않는 자연의 물을 회피하고 그저 바라만 보게 하는 모양이다.

그런데 사실 하수처리만 잘 한다면 시내와 강은 과거보다 훨씬 더 깨끗할 것이다. 어린 시절, 시냇가에서 빨래를 하는 아주머니들을 자주 보았다. 집에서 나가는 하수는 아무런 처리도 없이 그대로 시내와 강으로 유입되었다. 하지만 그 양이 적어 큰 위협이 아니었던 것 같다.

시냇물과 강물에서 멱을 감다 물을 조금 마시게 되어도 대부분 탈이 나지 않았다. 때로는 목이 탈 때 시냇물을 아무렇지 않게 떠 마셨다. 지금도 강이 흐르기만 한다면 알레르기 등으로 예민한 일부를 제외하고는 위험이 적을 것이다. 다만 지금은 산업 오염 물질들이 처리되지 않고 들어가면, 그 물을 장기적으로 마실 경우 만성독성으로 문제가 발생할 위험이 있다.

자연에 대한 인식, 특히 동식물에 대한 인식이 많이 달라진 지금, 하수처리가 된 물이 유입되는 시내와 강은 보로 막혀 사람과 격리된 깊은 죽음의 늪으로 유지해서는 안 된다. 강을 죽음의 늪으로 만들어 자연과 사람이 함께할 수 없게 할 뿐만 아니라 자연 혐오감이나 거부감을 키우게 한 4대강사업은 하루 빨리 되돌려져야 한다.

새롭게 되살아날 4대강은 우리나라의 모든 하천과 더불어 사람이 쉽게 접근하여 물놀이를 하고 동식물을 조망할 수 있는 자연과 사람의 삶이 함께하는 문화의 장이 되어야 하고, 자연성을 잃지 않게 유지되어야 한다. 전국에 있는 크고 작은 시내와 강은 버드나무 그늘 아래 모여 지역주민들이 애환을 함께 나누는 공동체의 마당이 되고, 청소년이 자연에서 감수성과 영감을 얻을 수 있는 배움터가 되어야 한다.

지역은 자연을 파괴하여 소수가 즐거운 그런 왜곡 경제가 아니라 새로운 산업시대에 맞는 부가가치가 큰 경제 개발국에 부합하는 일자리를 중심으로 자연과 사람 모두 함께하는 문화 경제가 꽃 피도록 다시 태어나야 한다.

4 4대강사업, 재앙을 잉태하다

1) 4대강사업, 홍수 범람의 위험을 높이다

앞에서도 말한 대로 2009년 12월 이명박은 텔레비전 방송에 나와 전 국민에게 강원도 등에서 매년 발생하는 수해를 예로 들며,

〈그림 33〉 허위 광고의 대표적 사례가 될 이명박 정부 4대강살리기 추진본부의 홍보물 중 하나. 어느 하나 실현된 것이 없고 실현될 리 없었다. 4대강사업을 추진한 핵심 전문가가 그것을 몰랐다면 어리석고 아둔한 일꾼일 것이고, 알았다면 소심한 겁쟁이거나 이기적 사기꾼일 것이다.

22조 원이 들어가는 4대강사업 한 번만 하면 이러한 피해가 발생하지 않게 되어 매년 수해 복구로 낭비하는 수조 원의 예산을 낭비하지 않게 된다고 확언하였다.

그런데 상습 수해는 강원도 산간, 경기 북부와 경북 산간 등에서 집중적으로 발생했다. 물론 태풍이나 집중호우 등은 4대강사업을 하는 4대강의 본류 지역에는 큰 수해를 일으키지 않았다.

이명박의 주장을 진실이라고 인정하면, 4대강사업은 세계적으로 획기적인 치수사업으로 세계를 선도하게 될 첨단의 사업임에 틀림없다. 경기도, 경상도, 충청도와 전라도의 4대강 본류 지역 등 수해 발생이 낮은 지역에서 치수사업을 함으로써, 강원도, 경기북부, 경상도, 전라도 산간 고지대 등의 상습 수해 지역의 수해를 예방하는 기술력의 실현이 4대강사업이 되기 때문이다. 세계의 모든 나라에서 우리나라에 막대한 기술료를 내고 4대강사업의 이러한 기술을 자신들의 나라에 적용하려 할 것이다(29쪽의 〈그림 5〉 참조).

하지만, 4대강사업의 본류 사업 내용은 역설적으로 홍수 범람을 유발하는 대형보를 건설한 것이다. 4대강사업의 '보'는 규모가 '댐'인데 운영은 '보'이다. 그런데 '보'는 대표적인 범람 유발 시설이다.

홍수를 조절하여 범람을 방지하는 댐은 평소 댐에 물을 다 채우는 것이 아니라 최소 수 미터의 여유고를 유지한다. 폭우가 쏟아져도 여유고가 있기 때문에 댐은 상류에서 온 강우를 가두고 하류로 내려 보내지 않아 댐 하류의 홍수 범람을 방지한다.

그런데 4대강사업의 댐 규모 대형보는 평소에 물이 찰랑찰랑 넘실대도록 물을 가두어 놓는다. 다시 말해서 4대강사업의 대형보는 평소 여유고가 전혀 없다. 따라서 상류에 폭우가 쏟아질 때 수문을 열지 않으면, 대형보 때문에 범람이 일어날 수밖에 없다. 이러한 범람이 일어나지 않게 하려면 대형보의 수문을 열어야 한다. 이럴 경우 대형보의 하류는 상류와 지천에 쏟아지는 강우와 함께 4대강사업 이전보다 바닥을 더 깊게 파고 수위를 더 높여 더 많이 가두어놓았던 상류 대형보 늪의 물까지 한꺼번에 받아들여야 한다.

문제는 직하류에 연이어 있던 하류의 대형보들도 물이 찰랑찰랑 넘실대고 있었기 때문에 과거보다 더 큰 물의 유입으로 모두 범람의 위험이 더 커진다. 다시 말해서 하류로 갈수록 가두어놓았던 늪의 수가 많아지므로 홍수 범람 위험이 더욱더 커진다. 강이 길어 8개의 대형보와 하굿둑이 있는 낙동강이 이러한 효과가 가장 크다.

수문들을 이어서 재빠르게 열어 운 좋게 연이어진 계단의 대형보들에서 범람이 일어나지 않는다 하더라도 금강, 낙동강과 영산강의 하굿둑과 남한강의 팔당댐은 4대강사업 이전보다 더 많이 담아놓았던 물과 쏟아져 내린 폭우를 받아들여야 한다. 따라서 폭우 시 이들 하굿둑과 팔당댐은 4대강사업 이전보다 더 많은 물을 감당해야 한다. 4대강사업으로 이들은 범람 위험이 훨씬 더 커

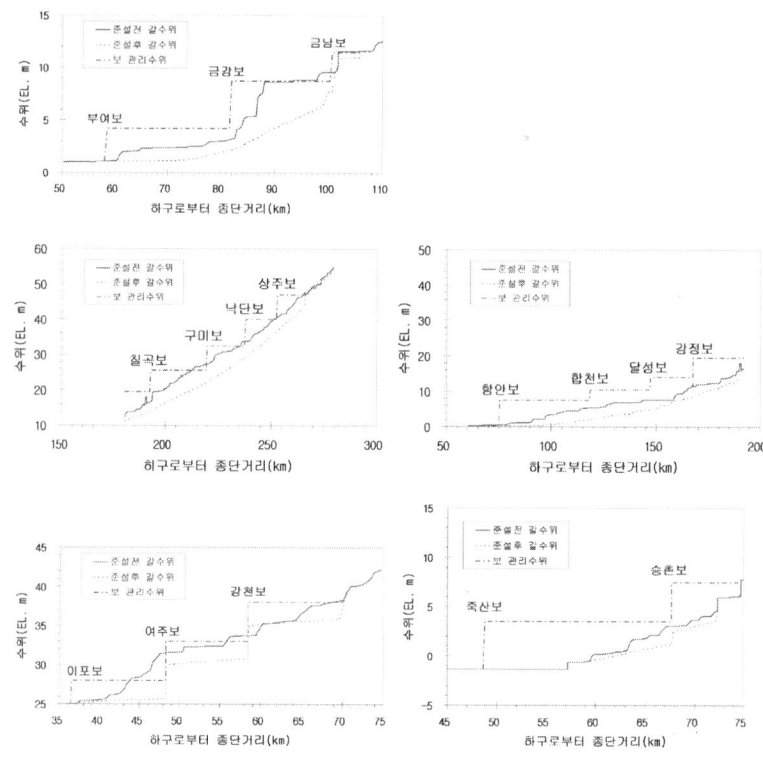

〈그림 34〉 홍수 시 수문을 열 경우, 준설 전 하상에서부터 그 아래로 준설된 하상까지 더해진 물의 양과 준설 전 평소 수위에서 그 위로 보 관리 수위까지 더해진 양의 합만큼의 물이 4대강사업 이전보다 더 많이 하류로 보내지기 때문에 하류에 있는 대형보는 홍수 부담이(범람 위험이) 4대강사업 이전보다 더 커진다. 팔당댐과 하굿둑은 상류의 보들에서 4대강사업으로 증가된 홍수 부담의 총합을 감당해야 하므로 범람 위험이 4대강사업 이전보다 훨씬 더 커진다. 보인 그림(국토해양부, 2009, 4대강살리기 마스터플랜)에서 준설 전 갈수기 선을 4대강사업 이전 하상과 수위 사이 물의 양으로 생각하면 설명을 이해하는 데 도움이 된다. 4대강사업 이전 하상과 수위 사이 물의 양은 사업 이전과 이후 동일하므로 준설 전 갈수기 선을 그 양으로 보면, 준설 전 갈수기 선과 사업 후 관리수위 사이의 양과 준설 전 갈수기 선 사이의 양의 합만큼 홍수 부담이 커진다.

졌다.

폭우의 물과 상류의 계단 대형보 늪들에 더 많이 담겨 있던 물들을 감당해야 할 일이 생겼을 때, 팔당댐은 팔당댐에서 범람하게 할지, 하류로 과거보다 더 많은 물을 내려 보내 서울을 홍수 위험에 빠뜨릴지 결정해야 한다. 하굿둑들은 썰물 때는 갑문을 열어 상류 계단 늪들에서 유입된 물을 바다로 내보내어 갑문이 감당할 정도라면 범람이 일어나지 않게 할 수 있다. 하지만, 밀물 때는 바다 수위가 강 수위보다 높아 하굿둑의 갑문을 열어 하구호 수위를 낮출 수 없다. 따라서 밀물 때는 하구호에서 4대강사업 이전보다 더 많이 유입되는 상류의 대형보 계단 늪들의 물 때문에 범람 위험이 훨씬 더 커졌다. 밀물이 하루에 대략 두 번 발생하기 때문에 실질적으로 하구호는 늘 4대강사업 이전보다 훨씬 더 수해에 취약해졌다.

2) 4대강사업, 가뭄 대비에 역행하다

4대강사업으로 가뭄을 해소하겠다고 이명박 정부의 주장은 두 가지 측면에서 거짓이나 무지의 결과일 뿐이다.

거짓이나 무지의 결과인 이유 하나는 4대강사업의 대형보는 사업 이전보다 추가적으로 빗물을 더 저장하지 못하는 데 그치지 않고 상류 다목적댐에 저장된 빗물을 더 빨리 고갈하게 할 뿐이라는 것이고, 또 다른 하나는 가뭄 피해지역과 4대강사업의 본류가 거리가 멀다는 것이다.

4대강사업의 대형보가 추가적으로 물을 더 저장하지 못하는 이유를 알아보자.

4대강사업은 하천 바닥을 준설하고 대형보로 가두어 과거보다 더 많은 물을 저장함으로써 가뭄에 사용할 물을 더 많이 확보하는 것도 사업 목적의 하나이다. 물의 순환이 시간에 따른 변동이 있는 동적 순환이라는 것을 무시한다면, 가뭄 대비라는 4대강사업의 목적은 그럴 듯하게 여겨진다.

순간장면 사진에 나타나는 4대강 대형보 계단 늪의 물은 분명 4대강사업 이전보다 훨씬 더 많아진다. 하지만 이 순간장면 사진의 늪들에 담겨 있는 물은 강우 시 하늘에서 떨어지는 빗물을 더 저장하여 담긴 것이 아니다.

비가 올 때 수문을 닫고 있더라도 이미 찰랑찰랑 넘실대는 대형보 늪은 새로이 떨어지는 빗물은 그대로 하류로 내려간다. 특히 홍수 범람의 위험이 있는 폭우의 경우는 앞에서 설명한 대로 범람을 막기 위해 수문을 미리 열어 담겼던 물을 내려 보내 비워놓아야 한다. 따라서 폭우가 그친 후 수문을 닫았을 때 대형보 늪 수위는 폭우 이전보다 낮아지거나 같게 유지될 뿐이다. 수위가 낮아졌을 경우 수위를 복구하기 위해서는 상류의 다목적댐에 저장된 물을 4대강사업 이전보다 더 많이 내려 보내야 한다.

게다가 자연적으로 수위가 낮아지는 갈수기에는 대형보 늪의 수위가 내려가는 것을 막고 수위를 유지하기 위해서 상류 다목적댐의 물을 4대강사업 이전보다 훨씬 더 많이 내려 보내야 한다. 따라서 다음해 봄을 포함하여 갈수기에 사람이 이용할 수 있는 다목적댐의 물이 4대강사업 때문에 과거보다 더 빨리 고갈될 수밖에 없다.

결국, 유역 전체로 보면, 4대강사업은 1년 동안 내리는 빗물을 사업 이전보다 더 적게 저장하게 만든 사업이다. 비록 겉보기에 하류인 본류에 과거보다 더 많은 물을 담고 있지만, 상류의 다목적댐에 더 적은 물을 저장하게 만듦으로써 실제로 사람이 이용할 수 있는 다목적댐의 물을 더 빨리 고갈케 하는 가뭄 대비에 역행한 사업이 4대강사업이다.

이명박 정부가 주장하는 가뭄 대비라는 4대강사업의 목적이 허구인 또 다른 근거는 대형보로 물을 막아놓은 본류와 가뭄 상습 피해지역이 멀리 떨어져 있다는 것이다. 물을 추가로 확보한 것도 아니지만 상류 다목적댐 대신에 하류의 계단 늪에 분산 저장한 물을 공급하기 위해서는 비용이 너무 많이 든다.

전국적인 가뭄이 발생할 때는 그 물조차 공급하기 어려울 것이다. 국지적 가뭄이 발생했을 때에도 상류 다목적댐에서 하류로 내려 보낸 물을 양수기로 퍼올려 가뭄 지역으로 수백억 원을 들여 만든 도수로로 보내는 어리석음을 저지르는 이유를 알 수 없다. 다만 도수로 공사를 통해 눈먼 돈을 나누어 먹고 도수로 유지관리를 위해 다시 눈먼 돈을 나누는 것 이외에는 뚜렷한 설명이

〈그림 35〉 4대강사업의 대형보로 막혀 만들어진 늪은 대부분 물이 부족하지 않은 지역에 위치한다. 국토해양부, 2009, 4대강살리기 마스터플랜에 있는 그림을 겹쳐 만든 것임.

있기 어렵다. 상류 다목적댐의 물로 일시적인 가뭄을 해결하기 위해서는 용수차로 공급하는 것이 국민 비용을 천문학적으로 절약해 줄 것이다.

도수로 공사로 눈먼 돈을 나누려면 차라리 상류 다목적댐에서 저지대 가뭄 지역으로 도수로를 만드는 것이 더 낫다. 이런 도수로는 최소한 현재처럼 본류로 흘려내려 보내면서 지하수로 빠져나가는 물과 증발되어 없어져 물이 낭비되는 것을 막을 수 있고 양수로 퍼올리는 비용을 들이지 않게 할 것이다.

이러한 허구의 4대강 목적보다 더 심각한 문제는 대형보 계단 늪의 수질이 갈수록 나빠질 것이라는 것이다. 4대강 본류로 유입되는 유기물이 대형보로 막혀 갇힌 물에서 썩게 되고, 늪에서 번성한 녹조가 가라앉아 썩게 되어 수질은 갈수록 나빠질 것이기 때문이다. 실제로 4대강사업 이후 4대강 계단 늪들의 바닥은 유기물들이 퇴적되어 썩은 진흙탕으로 시궁창이 되어 버렸다. 이 상태가 지속되면 하굿둑으로 막혀 썩어 버린 영산호처럼 농업에 조차 이용할 수 없는 물이 되어 버릴 것이다.

3) 물 통합관리를 위한 통제체계가 없다

중·하류 지역에서 홍수가 났을 때 범람 피해가 일어나지 않게 하려면 물이 빨리 흘러야 하는데, 4대강사업은 댐 규모의 대형보로 물을 막아 오히려 범람 위험을 높인다는 비판이 일어났다. 이에 대해 4대강사업 추진 세력은 상류 댐부터 하굿둑까지 연계한 첨단의 물 통합 관리체계를 마련할 것이라고 주장했다. 그런데 아직까지 효과적인 제대로 된 통합 관리체계는 마련된 바가 없다.

4대강사업 취소소송에서 피고인 정부의 대리인인 변호사들이 폭우가 예상되면 수문을 미리 열어 범람이 일어나지 않도록 하겠다고 변호한 어쭙잖은 변명 이외에는 대책이 없었다.

그런데 일기예보는 정확하게 예측하는 것이 아니라 틀리게 예보하는 것이 정도의 차이는 있지만 세계 어디에서나 정상적인 일이다. 비가 올지 오지 않을지를 예보하는 것은 그나마 어느 정도 맞출 확률이 높지만 강우량을 예보하는 것은 신뢰하기 어려울 정도로 정확할 수 없는 것이 사실이다.

감사원 발표에 따르면 2012~2016년 5년간 기상청이 비를 예보한 5,193회 중 비가 온 예보는 3,228회로 적중률이 62%이었다. 또, 비를 예보하지 않았으나 비가 온 경우도 1,808회였다. 비를 예보하지 않은(비가 오지 않을 것으로 예보한) 날까지 포함하여 적중률을 계산할 경우는 80%를 약간 상회하는 적중률로 나온다. 사실 비가 오지 않는 날이 일상이기(더 많기) 때문에 비가 오지 않을 것이라고 365일 예보해도 적중률이 높게 나올 수밖에 없다.

특히 홍수 피해가 발생할 수 있는 우기에는 대기가 불안정하여 적중률이 더 낮으며, 국지성 집중호우는 정확한 강우량을 예보하고 소지역을 특정하여 예보하는 것은 더욱 어렵다.

 기상청이 많은 비가 올 것을 예측하지 못해 수문을 미리 열지 않았는데 폭우가 쏟아질 경우 대형보에서 범람이 일어날 것이다. 반대로 기상청이 많은 비가 올 것을 예측하여 수문을 열어 대형보로 가두어 놓은 물을 모두 방류하여 4대강 계단 늪을 비워놓았는데 비가 오지 않거나 예측 강우량보다 훨씬 더 적은 비가 올 경우 대형보 늪의 수위를 복구하기 위해 상류 다목적댐에 저장한 물을 내려 보내야 한다.

 그런데 심각한 문제는 행정소송 중 정부 측 변호사가 내놓은 어설픈 변명 이상의 어떠한 신뢰할 수 있는 통합관리 체계가 정부로부터 공표된 적이 없다는 것이다.

 아무튼 첨단 시설을 마련할 수 있다하더라도 대형보로 홍수 범람 위험을 최대로 해놓은 4대강의 계단 늪은 일기예보의 적중률이 완벽하지 않으면 치수와 이수에 취약할 수밖에 없는 것이 현실이다.

 게다가 예측할 수 없는 국지성 집중호우가 지구온난화로 빈도와 규모가 증가하고 있어 설령 첨단 통합관리 체계가 만들어져도 체계에 정확한 기반 자료를 입력하는 것은 불가능하다. 특히 유역 면적이 큰 낙동강은 더욱더 정확한 예측과 통제가 어려울 것이다.

 다행인지 불행인지 이명박 정부와 박근혜 정부 때에는 지구온난화 영향으로 강우 양상이 달라져서 실질적으로 우기가 사라지고 태풍과 큰 비가 거의 오지 않았다. 오히려 이 시절에는 가뭄이 극심하였다. 따라서 홍수 범람이나 제방 붕괴 같은 위험이 실제로 검증될 기회가 없었다.

한편 4대강사업은 이러한 가뭄에 전혀 도움을 주지 못했다. 가뭄 취약 지역과 4대강사업 지역이 멀리 떨어져 있기도 하지만, 전국적인 가뭄에는 4대강 본류조차 여유로울 수 없기 때문이다. 사실 4대강 본류 늪의 물은 수질이 갈수록 나빠져 설령 여유가 있더라도 국지적으로 가뭄을 겪는 다른 지역으로 공급할 수 없는 물이 되어가고 있다.

4) 재앙에 대한 대응 전략과 체계가 없다

2009년 한겨울 4대강의 많은 대형보들이 설계도도 없이 착공부터 했다. 홍수로 인해 상당한 힘을 받아야 하는 대형보를 건설하면서 설계도도 없이 대형보의 기초공사를 한 것이다. 기초공사가 거의 끝나갈 무렵에서야 대형보의 설계도가 만들어졌다.

상부 구조에 대한 설계도가 없는 상황에서 대형보의 붕괴 등이 일어나지 않게 하려면 필요 이상으로 과도하게 강하게 기초를 만들어야 한다. 이럴 경우 기초가 필요 이상으로 규모와 강도가 커지면서 예산을 낭비해야 한다.

그렇지 않으면 반대로 기초가 상부 구조를 지탱하지 못할 만큼

금강 수변생태공간조성 설계

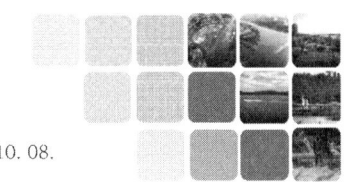

10. 08.

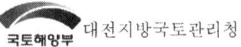

〈그림 36〉 4대강사업의 일환으로 금강 둔치를 개조하는 계획안이 2010년에서야 발표되었다. 따라서 실시할 구체적인 사업 내용이 없던 2009년에 환경영향평가 심의를 했다는 것은 명백한 법적 거짓이다.

약하게 만들어졌을 것이다. 이럴 경우 대형보의 붕괴가 언제 일어날지는 예측하기가 어렵다. 대형보와 상부 구조가 받게 될 홍수의 외력과 기초 공사의 허약함의 정도에 따라 붕괴 시기가 달라질 것이기 때문이다. 또한 중간 중간 발생하는 붕괴조짐에 따라 취해지는 땜질 공사의 효과에 따라서도 최종 붕괴 시기가 달라질 것이기 때문이다.

 게다가 수문의 위치나 규모도 설계되지 않아 물의 힘이 구체적으로 어떻게 작용할지도 예측하지 못하는 상황에서 만들어진 기초 구조는 상류에서 물에 의해 보 구조에 가해지는 응력 등과 보를 지나 내려가는 물의 난류 등에 의한 침식력 등에 효과적으로 저항하지 못할 것이다. 결국 설계 없이 건설된 기초 구조는 물론

보 하류 보호공이나 둔치, 제방에 가해질 힘을 예측할 수 없는 상황에서 건설되었기 때문에 전체적으로 대형보 주변의 안전을 보장할 수 없다.

사실 4대강사업 자체가 구체적인 설계 없이 시작되고 진행되었다. 둔치를 만들어서 강 밖의 땅처럼 이용하겠다는 허망한 계획은 있었지만 강우에 따라 변하는 강물의 동태를 고려하여 비용이 들지 않거나 최소로 들어가며 둔치 시설이 유지될 수 있는 방안을 고려하거나 검토한 적도 없다. 단지 최소 22조 원의 직접 예산을 낭비하는 데에만 급급했을 뿐이다.

공사 중에 문제가 발생하면 그때그때 땜질식 대응만 했을 뿐이다. 누더기로 4대강사업이 진행되었을 뿐, 정부가 내세운 목적이 실제로 달성될 수 있도록 하는 계획이나 실행이 전혀 없었다. 4대강사업 설계 시 보로 가두어 놓은 물을 사용하는 방안이나 계획이 전혀 없었고, 현재도 전혀 없다.

다만 대형보로 물을 막아 수위가 올라간다며 농업용수 등의 취수구를 많은 곳에서 높여 버렸다. 일부 지역은 지하수위 상승의 피해를 막기 위해 농지를 복토해서 높였다. 그 과정에 농사를 짓지 못하는 경우 이에 대해 정부가 보상비용을 세금으로 지불하였다.

한편 4대강사업이 대형보로 물을 막아서 녹조가 매년 발생하고 있다. 게다가 지구온난화에 따른 폭염이 지속되면서 녹조가 더욱더 심해지고 있으며, 높은 수온이 유지되어 치명적인 독소를 분

〈그림 37〉 보 개방 행사가 끝나고 준공하기 직전인 2012년 3월 1일 땜질한 보 구조물에서 물이 스며 나오고 있다.

비하는 남조류가 심각한 수준으로 번성하고 있다.

이러한 심각한 상황이 발생하면서, 특히 식수로 사용하는 낙동강을 중심으로 대형보를 철거하거나 대형보 수문을 완전 개방하여 녹조가 발생하지 않도록 하라는 목소리가 높아지고 있다.

문제는 이명박 정부가 4대강사업으로 4대강 물의 흐름을 막아 재앙의 씨앗을 만들어 놓았지만 눈 가리고 아웅하는 미봉책 이외에는 실효성 있는 대책이 전혀 나오지 않고 있다는 것이다.

대형보로 물이 갇혀 계단 늪에서 발생하는 문제를 해결하지도 못하며 세금만 낭비하고 있는 4대강사업의 대형보를 철거하고 4대강을 4대강사업 이전으로 되돌리는 것만이 이러한 문제를 해결하는 근본적인 대책이다.

부끄러운 일이지만 4대강과 국민의 삶에 해를 끼치는 4대강사업을 하면서 발생하는 문제를 덮기 위해 낭비했던 보상비용만큼 또 다른 역보상비를, 4대강을 원래대로 되돌리는 과정에서 생기는 일시적인 문제의 피해 보상을 위해 국민이 지불해야 한다. 그렇게 해서라도 4대강사업이 만들어 놓은 재앙의 씨앗을 우리는 없애야 한다.

대응 전략과 체계가 만들어질 수 없는, 영구히 지속될 재앙을 유지하기 위해 무한의 세금을 낭비하는 어리석음을 중단하고 단 한 번의 역보상비와 복원비로 국민의 세금은 물론 국민의 건강과 생명을 지키는 조치를 하루 빨리 시작해야 한다.

5) 4대강사업에 편승하여 세금 세탁하다

민주주의는 엄밀하게 말해 국민 자치를 말하는 것이다. 국민 스스로 국민의 일을 결정하고 행하는 것이 민주주의다. 국민의 일을 하는 데에는 비용이 반드시 들어간다. 따라서 민주주의가 제대로 작동하기 위한 가장 바탕이 되는 전제는 국민의 돈으로 국민의 일을 하는 것이다.

하지만 일반적으로 거의 모든 나라에서 직접 민주주의를 하기에는 국민의 수가 너무 많고 따라서 국민의 일도 규모나 복잡성이 너무 크다. 그래서 국민은 세금의 형태로 국민의 일을 할 기금을 마련하고 국민의 일을 대신할 공무원을 국민의 돈으로 고용하여 국민의 일을 시키는 것이 일반적인 민주주의 형태이다. 이를 우리는 간접민주주의 또는 대의민주주의라고 한다.

그런데 문제는 국민의 돈으로 국민의 일을 하도록 고용된 공무원이 국민의 돈이 자신들의 권력을 보여주거나 강화하기 위해 자신들 마음대로 집행하는 돈으로 착각하는 일이 종종 발생하는 것이다. 국민에게 고용된 공무원이 국민의 돈을 국민을 위한 일이 아닌 자신의 사적 이해를 위해 쓸 수 있는 기금으로 생각하는 듯한 정책 결정과 집행이 너무 흔히 목격된다.

4대강사업은 합법으로 포장된 국민의 돈 횡령을 너무나도 잘 보여준 사업이라고 볼 수 있다.

4대강사업은 이제까지 살펴본 대로 제대로 된 합리적이고 타당

〈그림 38〉 22조 원을 대통령 한 인간의 임기 내에 나누기에 바빠 하천의 역동성을 무시하고 둔치에 심은 나무가 2011년 7월 12일 둔치까지 범람하는 강물에 뿌리째 뽑혀 넘어갔다. 여기저기에서 이와 유사한 일이 벌어졌다. 사진 출처: 세종지속발전협의회 최병조 사무처장.

한 목적이나 계획도 없이 국민의 돈부터 4대강사업 참여 세력에게 지출하기 위해 삽부터 뜬 사업으로 여겨진다. 4대강사업 진행 중에 많은 새로운 세부 사업들이 새롭게 계획되고 집행되었지만 내용이 다른 사업 내용들과 조화롭게 부합하는 것이 아니라 전혀 엉뚱한 별개의 사업들이었다.

그렇게 사업이 진행되었다는 단적인 증언은 조성된 둔치의 녹화가 주기적 홍수 범람이 일어나는 둔치라는 환경 조건과는 맞지 않는 뭍의 식생을 심거나 동시다발적으로 진행되는 녹화 공사였기에 수급이 원활하지 못해 그때그때 구입할 수 있는 수종을 심어 버렸다는 4대강사업 모니터링 전문가의 말이다. 그래서 단지 4대강사업 참여 조경업자에게 이명박 정부가 국민의 세금을 지급하기 위해 둔치 조경 사업을 한 것이었을 것이라는 의혹이 나오는 것이다.

물을 더 확보하겠다는 구실로 4대강사업이 벌인 대규모 준설도 진정으로 목적을 달성하기 위한 행위였는지 의심스러운 일 중 하나이다. 앞에서 설명한 대로 비가 올 때는 대형보로 인한 범람을 막기 위해 수문을 개방하고 빗물을 모두 하류로 내려 보내기 때문에 빗물이 4대강사업 이전보다 추가로 더 확보되지 못한다. 오히려 비가 그친 후 대형보의 수위를 회복하고 유지하기 위해 상류 다목적댐의 방류량을 늘려서 다목적댐에 확보되는 물이 4대강사업 이전보다 더 줄어들 수밖에 없다.

준설 규모를 크게 하면 할수록 비가 온 후 대형보 수위의 회복을 위해 상류 다목적댐에서 확보된 빗물을 더욱더 많이 방류해야 한다. 따라서 준설 규모를 늘려 평소 단면적에 겉보기에 대형보가 확보하는 물을 늘리면 늘릴수록 상류 다목적댐에 확보된 물이 고갈되는 시기가 더욱더 빨리 고갈될 뿐이다.

4대강사업은 상류 다목적댐에 저장하던 물을 하류 대형보 늪으로 장소를 이동하여 저장하겠다는 의지를 확고하게 보여준 사업이었고, 더구나 하천 수위가 자연적으로 내려가야 하는 갈수기조차 대형보 수위를 유지하기 위해 상류 다목적댐의 물을 과거보다 더 많이 방류해 물의 고갈을 촉진한 사업이었다.

이렇게 물의 고갈을 촉진하는 준설 사업을 위해 이명박 정부는 4대강사업 참여 준설업자에게 국민의 세금을 지불한 것이다. 그런데 준설량을 검증하는 일조차 없었을 것으로 많은 사람들이 생각하고 있다.

그런데 이보다도 더 확실하게 국민들이 인지해야 하는 것은 우리나라 하천이 매년 강우로 엄청난 토사가 유입되고 퇴적되기 때문에 준설된 바닥은 매우 빠르게 원래 이상으로 높아질 수밖에 없다는 사실이다. 따라서 이명박 정부가 근거도 없이 강변한 추가 물 확보를 그대로 인정하더라도 4대강사업을 추진한 정부는 그 목적을 달성할 수 없다.

상류로부터 유입되는 토사의 퇴적으로 상승되는 대형보 늪의 바닥의 깊이를 유지하기 위해서는 매년 또는 몇 년마다 주기적으로 준설해야만 한다. 그러나 4대강사업 이후 그러한 사업이 진행된 적이 없다. 실제로 4대강 대형보 늪은 유입된 토사의 재퇴적 때문에 준설한 바닥 깊이가 유지되지도 않고 있으며 4대강사업 마스터플랜이 주장한 만큼의 물이 순간 저장되어 있지도 못하다. 그런데 현재 상황이 단순히 재퇴적 때문인지 애초에 준설을 계획보다 덜 한 때문인지 확인할 방법도 없다.

적법하지 않은 방법으로 얻은 자금을 적법한 수익인 것처럼 속이는 것을 자금 세탁이라고 한다. 마찬가지로 세금을 적법하게 쓴 것처럼 포장하여 사익을 추구하는 것을 세금 세탁이라고 해야 할 것이다. 국가나 지방자치단체의 정책을 빙자하여 국민의 세금으로 사익을 추구하는 정책 사업이 세금 세탁의 대표적인 수단이다. 이는 엄밀한 의미에서 횡령이나 배임이지만 언론에서조차 눈면 돈 만들기의 나쁜 관행 정도로 치부하는 그릇된 사회가 지속되고 있다. 이제라도 4대강사업과 같은 세금 세탁의 국가정책 사업이나 지방자치단체 정책 사업이 결정되고 추진되어 국민의 혈세를 화수분으로 삼는 일이 발생하지 않도록 국민들이 깨어야 한다.

6) 탐욕의 국정운영을 노골화하다

한 식당에 "모두 부자 되세요"라는 글이 벽에 크게 걸려 있었다. 사람들이 부자가 되고 싶어 하는 심리를 파악하고 고객들의 기분을 좋게 해주기 위한 것이다. 그런데 문제는 부자는 가난한 자를 전제로만 성립되는 것이라는 데에 있다. 부자라는 상대적 개념이 사람들에게 무한의 탐욕에 빠지게 만든다. 다른 사람보다 더 부자가 되고 싶은 탐욕에 사람들이 빠져들게 되는 것이다.

끝없는 탐욕을 실현해서 돈이 많아지면 많아질수록 사람은 괴물이 되어가는 듯하다. 어쩌면 사람은 괴물이 되고 싶어 하는지 모르겠다. 몇 천만 원을 받고 청부살인을 하는 경우가 간혹 발생한다. 몇 억 원, 몇 십억 원, 몇 백억 원 등등 액수가 늘어나면 청부살인에 나설 사람들이 늘어날 것이다. 돈 앞에 도덕이 무너지는 경우가 금력에 비례할 듯하다.

그래서 그런지, 권력이 있을 만큼 있고, 돈이 있을 만큼 있는 사람들이 돈에 대해 더 큰 탐욕을 보여준다. 우리가 이런 현상을 돈맛을 알았다고 한다. "중이 고기 맛을 알면 절간에 빈대도 남아나지 않는다"는 속담처럼 돈맛을 안 사람들이 그 탐욕을 더 극성스럽게 채우는 볼썽없는 짓을 하는 모양이다.

국가 권력을 거머쥔 자들이 종종 무한의 탐욕을 보여준다. 그들은 국가정책을 자신의 탐욕을 채우기 위한 수단으로 흔히 이용한다. 많은 독재자들이 엄청난 부를 함께 쌓는 것이 그러한 일상의 예이다. 우리나라 어느 독재자가 총성으로 운명을 달리했을 때 스위스 은행에 엄청난 돈이 들어있다는 소문이 있었던 것도 그런 탐욕을 사람들이 인지하고 있다는 것을 말해준다.

국가정책이 명목상 내세운 목적이 장밋빛으로 국민의 꿈을 부풀게 하지만, 국민에게는 혜택이 없고, 국가정책 사업에 참여한 자들만 신나는 일들이 너무 흔해졌다. 그러한 국가정책 사업을 공익 훼손을 원인으로는 막을 수 없게 하는 법조계의 관행이 그릇된 위정자가 자신의 탐욕을 채우기 위해 국정을 운영할 수 있게 한다.

따라서 평등을 바탕으로 한 국민 행복을 위해서는 탐욕의 국정 운영이 불가능하게 하는 법체계 등 민주국가 체계가 하루빨리 마련되어야 한다.

7) 내 돈 들여 내 일을 하듯 나라 일을 하자!

국민은 정부가 국민에게 주는 혜택을 계량하고 혜택이 세금보다 더 많다고 생각할 때 세금을 납부하는 것이 아니다. 자신이 낸 세금이 구체적으로 어디에 어떻게 쓰여서 자신에게 혜택이 주어질지 국민은 알 길조차 없다. 국민의 세금이 국가 예산이라는 세탁조 속에 들어가 통으로 섞여 버리기 때문이다. 다만 국민은 자신이 낸 세금이 국민이라는 공동체의 이익(공익)을 위해 쓰일 것이라고 막연하게 기대할 뿐이다.

어쩌면 단지 국민이 되었다는 이유만으로 세금을 뜯기고 있다고 국민들이 생각하는지 모른다. 그래서 국민들이 혹여 정책 결정자가 개별적인 특정인에게 세금으로 혜택을 준다면 세금은 어차피 빼앗긴 돈이고 자신만의 특혜라며 기뻐하는 지극히 이기적인 분리된 개별 국민이 되어가고 있는지 모르겠다.

사람이 자신의 사업을 할 때는 자신이 투자한 금액보다 더 큰 금액이 회수되어 이윤이 남도록 한다. 그리고 사람은 지급한 돈보다 상품이나 용역에서 얻어지는 편익이 더 크거나 최소한 같다고 생각할 때 돈을 주고 상품이나 용역을 구매한다. 이렇듯 사적인 개인은 자신의 투자 대비 자신의 이익을 고려해서 투자를 한다.

그래서 정부가 공익을 제대로 실현하지 못하고 예산을 낭비한다고 생각하는 국민들은 민간경영기법 도입이니 민자사업이니 하며 세금 낭비를 줄이고 경영 효율을 높인다는 정치적 구실을 받아들이는지 모르겠다. 하지만 비교할 수 없는 두 경제 주체를 단순하게 비교하게 호도하는 것은 실질적으로는 국민을 기만하고 세금 세탁을 통해 사적 이익을 추구하는 것을 정당화할 우려가 있다.

사적 개인이나 민간기업은 수입과 지출이 직접적으로 연결되어 있다. 민간 경제 활동은 상품이나 용역이라는 직접적인 매개체를 두고 수입과 지출이 연결되어 있다.

하지만 정부 경제 활동은 수입과 지출이 어떠한 상품이나 용역을 매개체로 직접 연결되어 있지 않다. 국민이 단지 소득이 있다는 것과 재산이 있는 것과 국민 개인 자신을 위해 상품이나 용역을 구매한다는 것 등 때문에 소득세, 재산세와 부가가치세 등의 세금을 내어 정부는 수입이 생기지만, 정부는 그 세금에 대해 어떠한 상품이나 용역을 국민에게 직접 제공하지 않는다.

오히려 정부는 세금 낸 국민과는 무관한 제3자를 위해 세금으로 마련된 예산(세탁조)에서 지급하며 상품과 용역을 구매한다. 여기서 상품과 용역은 정부 조직의 구성원들을 위해서 쓰이기도 하고, 특정의 개별 국민들만을 위해서 쓰이기도 하고, 불특정의 일반 국민에게 쓰일 가능성만 있다. 문제는 4대강사업처럼 정부가 불특정의 일반 국민을 위한 공익을 위해 지출한다고 선전하지만 실제 공익의 훼손이 발생하기도 한다는 것이다.

정부의 수입이 정부가 제공하는 상품이나 용역과 직접 연결되어 있지 않고, 정부가 제공하는 상품이나 용역의 수혜자가 상품이나 용역의 대금을 지불하지 않는 특성 때문에 국정에는 민간경영 기법이 단순히 도입될 수도 없고, 민자 투자도 효율을 높일 수 없다. 오히려 앞에서도 지적한 대로 횡령이나 배임을 합법으로 포장하는 세금 세탁 기법이 될 수 있을 뿐이다.

이러한 정부 경제 활동의 특성과 공무원의 그릇된 도덕성이 결합되기 때문에 4대강사업 환경영향평가 심의위원회에서 개인적인 사업이면 하지 않겠지만 국가가 하는 사업(대통령이라는 한 인간의 중점 사업)이므로 반드시 4대강사업을 해야 한다며 더욱 무모한 제안(관광용 어도 수중 관찰 시설 건설)까지 하는 상황을 만든다. 이런 일이 벌어지는 것은 사업이 목적을 달성하지 못해 예산만 낭비해도 책임질 사람이 없기 때문이다. 선의의 통치 행위에 따른 정책을 실현하기 위한 사업이기 때문에 책임을 물을 수 없다는 예정된 기괴한 논리로 사익을 추구할 수도 있게 하는 것이 탐욕을 바탕으로 한 국가정책 사업이 진행될 수 있게 하는 주된 요인이다.

국가정책 사업이 공익을 훼손하고 단지 소수의 사익을 추구하며 예산을 낭비하는 일이 발생하지 않으려면, 위정자나 국가정책 사업 참여자들이 자신의 돈을 들여 자신의 상품과 용역을 구입한다는 자세로 정책을 결정하고 사업해야 한다. 탐욕스러운 위정자나 참여자들이 남의 돈으로 자신이 이용하지도 않을 상품과 용역을 마련하는 사업이라는 도적의 마음으로 국가정책 사업을 추진할 수 없도록 국가 체계가 정비되고 국민들이 깨어 있어야 한다.

5 함께하는 우리나라의 4대강을 이야기하다

1) 금수강산의 국토를 지키는 진짜 보수가 되자

4대강사업이 진행되는 동안 이 사업을 비판하면서 도대체 보수가 무엇이고 진보가 무엇인지 헛갈리던 혼란(混亂)함이 더욱 강해졌다.

보수는 새로운 것이나 변화를 받아들이기보다는 전통을 옹호하고 유지하는 것을 기본으로 사회를 점진적으로 바꾸어가는 것을 말한다. 진보는 사회의 모순에 초점을 두고 전통을 지키기보다는 빠른 개혁을 통해 사회를 가능한 조속히 바꾸는 것을 말한다.

그런데 우리나라에서 보수는 자신들의 권력을 유지하는 현 체제를 옹호하고 지지하는 것을 말했던 것 같다. 아니, 과거 이승만과 박정희 독재 정치 체제를 옹호하고 유지하며 권력을 유지 또는 쟁취하려는 것을 말했고, 진보는 과거 이승만, 특히 박정희의 독재 정치 체제를 반대하고 민주화를 이루는 것을 말했던 것 같다.

 헌법까지 자의적으로 고쳐가며 권력을 유지하던 이승만, 특히 박정희가 권좌에서 쫓겨난 후 연임을 금지하는 단임 대통령의 개헌을 통해 형식적 장기 집권을 금지하고,[1] 1987년 6월 민주항쟁으로 직접선거를 통해 대통령을 선출하는 민주주의가 정착된 지금은 보수와 진보는 과거 독재 권력의 후예와 반독재 항쟁의 후예인 것처럼 언급되고 있다.

 그래서 박정희 이후 박정희 공화당의 명맥을 이어온 정당이 잡은 정권을 보수 정권이라 하고, 이에 항거하던 민주당의 명맥을 이어온 정당이 잡은 정권을 진보 정권이라고 해 왔고, 보수와 진보라는 딱지를 더욱 강하게 붙이고 있다.

 역설적인 것은 정치권은 자신이 보수라거나 진보라는 것을 강조하면서도 모두 중도를 지향한다는 매우 이상한 행태를 보인다는 것이다. 어쩌면 대다수 국민은 진짜 보수로서 청렴과 선비 정신을 보전할 가치로 생각하기 때문에 보수나 진보의 명패를 단 정치권 모두 중도를 지향한다고 하는지 모를 일이다. 이런 현실에서 보수나 진보를 내세우는 정치권 그 누구도 진정으로 보수나 진보의 철학 없이 국가 권력을 잡겠다는 데에만 몰입하면서 정치

---

[1] 박정희의 죽음으로 만들어진 개헌은 대통령 단임제를 도입했지만 국민의 의사가 반영될 수 없는 이상한 한국형 간접선거로 대통령을 선출하는 독재 방식이 그대로 남아 있었고, 전임 대통령이 국정에 깊이 개입할 수 있는 제도가 들어 있는 의도가 의심스러웠던 개헌이었다.

세력을 키우는 갈등을 조장하기 위해 보수-진보 진영 논리를 이용만 하고 있는 것은 아닌지 모르겠다.

그래서 그런지 그렇게 정의된 보수 정권이 하는 정책이나 사업은 보수 이념에 기반을 두거나 보수를 위한 정책이나 사업이고, 진보 정권이 하는 정책은 반대로 진보 이념에 기반을 두거나 진보를 위한 정책이나 사업이라며, 정책이나 사업의 내용을 보기보다는 어느 정권이 추진하는지에 초점을 맞추어 보수나 진보를 자칭하는 사람들이 찬성하고 반대하는 경향이 있다.

4대강사업의 경우도 예외 없이 사업의 내용보다는 보수와 진보의 진영 논리가 중심이 되어 일부 행동하는 사람들이 찬성과 반대로 갈린 듯하다. 아니면 4대강사업의 내용은 마음에 들지 않지만 보수는 보수 정권이 추진하는 사업이라 반대하지 않거나 내용은 모르지만 진보는 보수 정권에서 추진하는 사업이라 반대를 표명하는지도 모른다.

이런 맥락에서 4대강사업을 반대한 진영은 진보 진영이었고, 보수로 알려진 소수가 4대강사업을 반대한 경우는 매우 특이한 괴짜 정도로 치부된 것 같다. 그러나 실제에 있어서는 진보 진영인 정당에 소속되어 있지만 자신의 정치적, 사적 이해에 따라 4대강사업에 동참하며 적극 이용한 경우도 많았다.

4대강사업 찬성이나 반대 진영에서 정치적 영향력이 있던 상당수는 그러한 진영 논리에 따라 행동한 사람들이 많았던 것 같다.

사실 진보로 알려진, 혹은 스스로 진보라고 생각하며 4대강사업을 반대한 사람들 상당수는 실질적으로는 보수인 것으로 생각된다. 그들이 바라는 것은 비리로 물든 부패 권력을 비판하고 몰아내기를 원하는 것이 중심일 것이다. 사회의 올바름(윤리, 도덕)이 지켜지기를 바라 부패한 권력을 비판하고, 더구나 사익을 탐하기 위해 4대강사업이 이용되기 때문에 4대강사업을 반대한 것이다. 그들은 전통문화와 윤리가 지켜지기를 바란 것이다.

무엇보다도 그들은 어린 시절의 추억이 남아있던 아름다운 금빛 모래가 펼쳐져 있는 강을 지키고 싶어 4대강사업을 반대한 것이다. 더구나 그 사업이 국민에게는 부담(세금)만 늘리고 혜택(사업 참여 소득)은 소수 부패한 권력과 그에 부역하는 자들에게만 주는 부패 권력의 비리사업을 그들은 규탄하고 반대한 것이다.

우리가 여유롭고 행복한 삶을 살아갈 수 있는 기본 바탕은 우리의 아름다운 금수강산이 불필요한 비용(세금) 낭비 없이 지켜지는 것이다. 우리의 금수강산이 인위적으로 개조되어 반자연적으로 유지되기 위해서는 막대한 비용(세금)이 들어갈 수밖에 없다. 그 비용 대비 (비용을 부담하는) 국민의 혜택이 없다면 그러한 인위적인 금수강산 파괴의 행위가 허용되어서는 안 된다.

4대강사업과 같은 우리의 전통적인 청렴 정신과 선비 정신에 벗어나 금수강산을 파괴하는 부패 권력의 국가정책 사업이 다시는 이 땅에서 발상조차 할 수 없도록 우리 국민들이 진짜 보수가 되어야 한다. 진짜 보수로서 국민들이 보수-진보 진영 논리를 이용하는 정치권의 욕망이 발호하지 못하게 해야 한다. 국민들이 정치 선동 세력이 아니라 국민 자신을 중심에 둔 진짜 보수를 구현할 때 정치권은 진정한 보수-진보 논의를 통해 국민의 행복을 위해 일하는 진실한 공복이 될 것이다.

2) 찬성을 위한 찬성, 반대를 위한 반대, 이제 그만!

이명박 정부가 4대강사업을 추진하는 동안 이 사업 추진에 대해 찬성과 반대가 갈렸다. 그런데 4대강사업 자체의 장점과 단점, 혹은 개선점과 문제점을 분석하고 비판하여 찬성이나 반대를 한다기보다는 앞에서 말한 대로 이명박 정부를 지지하는지(보수 진영인지) 반대하는지(진보 진영인지)에 따라 찬성과 반대 진영으로 나뉘어 있었다.

국회도 여당은 당론 차원에서 4대강사업을 찬성하고 야당은 당론 차원에서 반대한다. 시민단체도 소위 보수라고 하는 단체는 4대강사업을 찬성하고 진보라고 하는 단체는 반대한다.

그러나 국민들은 이명박이 좋아서, 혹은 이명박이 싫어서 4대강사업을 찬성하거나 반대해서는 안 된다. 4대강사업이 투입되는 세금에 부합하여 진정으로 공익에 기여하여 국민공동체를 행복하게 하는지 아닌지를 판단하여 국민은 이 사업을 찬성하거나 반대해야 한다.

교수를 포함한 전문가들은 대다수가 침묵하였다. 상당수의 전문가들은 4대강사업에 대해 이해할 수 있는 분야의 전문가가 아니라는 편안한 구실로 사회적 책임을 외면하였다. 또 다른 상당수는 공연히 대통령이 강력하게 추진하는 국가정책 사업에 반대 목소리를 내었다가 자신의 일에 정부가 간여하여 불이익 생길 것을 우려하여 나서지 않았다. 이제까지 우리나라 사회, 정치 행태로 볼 때 이유야 어떠하든 대통령이 의지가 강한 사업은 문제가 있든 반대가 있든 추진될 것이고, 반대를 표하면 손해를 볼 것이라는 피해의식이 상당수 전문가들에게 있기 때문에 그런 행태가 보였을 것이다.

4대강사업과 관련된 분야의 일부 전문가들은 4대강사업이 문제가 있는 것은 사실이지만 연구용역을 받아야지만 연구원들이나 대학원생들을 먹여 살릴 수 있다는 '살아남기 위해'의 구실을 실토하기도 하였다.

심지어는 4대강사업에 대한 어떠한 의견도 내지 않고 4대강사업과 관련하여 정부가 만든 연구사업 등에 적극 참여하여 자신의 손익을 잘 챙기는 정치적으로 중립인 전문가들도 상당수 있었다. 그들은 사회적 책임을 고려하거나 우선하기보다는 자신이 무엇이든 연구하고 있다는 자부심에 충실한 사업가인지 모른다.

이들에게는 정권도, 목소리를 높이는 사람들도 모두 정치적 이해에 구속된 보수-진보 진영 논리에 의해 국민이 아닌 각 진영의 이익을 위해 찬성하거나 반대한다, 찬성을 위한 찬성이나 반대를 위한 반대를 한다는 안일한 구실이 있다. 이 구실이 사회적 책임에 대한 이들의 외면을 합리화해 준다. 정치권들이 권력을 획득하기 위해 보수-진보 진영 논리로 조장한 갈등에 국민들이 더 깊이 빠져 버리면 버릴수록 사회적 책임을 외면하는 부류들이 더욱더 많아질 것이다.

 장기 독재 권력의 위세에 눌려 살아남기 위해 어쩔 수 없이 순종하던 대다수와 저항하는 소수로 나뉘어 있던 전문가들이, 이제는 권력만 쫓는 듯한 정치권의 보수-진보 진영 논리 이용을 조롱하며 자발적으로 사회적 책임을 외면하는 대다수, 적극적으로 진영에 참여하는 다수, 그리고 사회적 책임을 생각하는 소수의 부류들로 나뉘어가고 있는 듯하다. 이러한 경향은 국민들이 국민 자신을 돌보지 못하고 정치권이 조장한 보수-진보 진영 논리를 바탕으로 한 갈등의 소용돌이에 빨려 들어가면서 형성되는 현상이다.

 현재 많은 국민들이 대통령이든, 지방자치단체장이든, 국회의원이든, 지방자치단체의원이든, 정치권력자들의 특권과 갑질을 비판하면서도 그들이 권력을 잡기 위해 만들어놓은 보수-진보 진영 논리에 갇혀 우리 진영이라는 갈등의 한 축에 자신도 모르게 말려들어가 있는 듯하다. 진영 논리에 말려든 이들은 우리 진영이라 관대하고 상대 진영이라 가혹하며, 찬성을 위한 찬성이나 반대를 위한 반대에 무의식적으로 참여하는 경향이 있다. 국민의 이러한 단순 진영 지키기 행위가 국민의 권리를 침해하는 정치권력의 특권과 갑질을 강화한다.

진영 논리에 말려든 찬성을 위한 찬성이나 반대를 위한 반대에서 벗어나 국민 권익이라는 기준에 따라 국민이 어느 진영의 정부 정책이든 평가하고 판단할 때 진정한 민주화가 완성되어 평등한 국민 행복이 구현될 수 있다.

이제 탐욕의 정치를 불식하고 국민 행복을 구현하기 위해 국민은 찬성을 위한 찬성이나 반대를 위한 반대를 거부하자.

3) 살아남기 위해 4대강사업에 부역하다?

일본제국의 침략으로 국권을 잃은 시기를 두고 평가가 엇갈리는 경우가 있다. 일부는 일제 침략의 시기가 있었기 때문에 우리나라가 근대화했고 오늘날의 경제성장이 가능했다고 황당무계하게 주장한다.

있었던 과거가 이러한 오늘이 있기 위해 반드시 있었어야 하는 선행조건은 아니다. 다양한 가능성의 과거가 이러한 오늘 이전에 있을 수 있다. 가정의 어떤 과거는 오늘이 있는 데 긍정적인 발판이 되었을 수 있고, 또 다른 가정의 어떤 과거는 그 과거의 병폐를 극복했기 때문에 오늘이 있게 한 반면교사였을 수 있다. 또 다른 가정의 또 다른 과거는 오늘이 있는 데에 어떠한 영향도 끼치지 않았을 수도 있다.

역으로 하나의 과거에서 다양한 오늘이 가능할 수 있다. 그 과거를 긍정적 발판으로 하는 최선의 밝은 오늘이 올 수도 있고, 그 과거에 얽매여 만들어지는 최악의 어두운 오늘이 올 수도 있다. 그 과거와는 어떠한 연관도 지을 수 없는 오늘이 올 수도 있다.

사실, 오늘의 다양한 측면들에 대해 과거는 긍정적, 부정적, 무관한 영향을 끼치는 요인이다. 따라서 과거를 역사적으로 평가하기 위해서는 오늘의 여러 측면과 과거의 여러 측면이 어떻게 영향을 끼쳤을 것인지, 그리고 그 과거와 오늘 사이에서 역동적으로 끼어든 중간 과거들이 어떻게 작용했는지를 파악해야만 할 것이다.

그런데 왜 친일을 한 인간들은 과거 일제의 침략이 없었다면 세계가 주목하는 괄목한 경제성장을 한 오늘의 대한민국이 있을 수 없었다는 망발을 서슴지 않는 것일까.

굳이 일제 침략이 우리나라의 오늘에 영향을 끼친 게 있다면 아마도 정치꾼은 권력을 국가(국민)가 아니라 자신을 위해 잡으려 하고, 권력자는 권력을 국익(공익)이 아니라 자신의 사적 이익을 위해 휘두르고, 국민은 무의식중에 탐욕의 독재 권력에 무기력해지는 등 독재 절대왕정의 신민 사고가 아직도 이 사회에 잔재케 한 것이다.

일제 침략을 정당화하거나 합리화하는 근원적 이유는 친일한 인간들과 그 덕에 여전히 부와 권력을 누리는 인간들이 자신의 존재 가치를 부정할 수 없기 때문이다. 자신들의 일제 부역행위를 합리화하고 정당화하는 유일한 방법이 대한민국 근대화와 경제성장에 대한 일제 침략의 절대 기여론이다.

 일제 침략이 없었다면 오늘날의 대한민국이 없었을 것이라는 논리의 이면에는 그 일제 침략에 기여한 자신들의 당시 행위와 현재의 부와 권력을 합리화하고 정당화하는 보호와 방어심리가 있다.

 친일 행위자들의 또 다른 변명은 일제 침략 시기에 살아남은 모두가 친일을 한 것이라는 물귀신 전략이다. 자신들의 친일은 살아남기 위해 저지른 일이고, 목숨을 건 투쟁을 하지 않은 뭇 사람들이 삶을 살아갔듯이 자신들도 그 시대에 맞게 살았을 뿐이라고 자신들의 친일을 합리화한다. 친일을 하지 않았다면 그들이 살아남지 못했을 것이라는 야릇한 비약을 통해 친일 행위자들이 그럴듯하게 자신들의 친일을 합리화하는 것이다.

 하지만 친일은 단순하게 일상의 삶을 산 것이 아니라 적극적으로 일제 침략과 통치에 협조함으로써 권력과 부를 획득하고 뭇 조선 사람들에게 군림하는 대가를 얻은 행위이다.

 4대강사업에서도 이러한 살아남기 전략이 취해지기도 한다. 먹고살려면 4대강사업에 참여하지 않을 수 없다는 것이다. 토목공사에서 일용을 파는 사람들이나 4대강사업에 참여하기로 결정한 회사의 사원들은 파면을 감수할 각오가 있지 않으면 먹고살기 위해서 4대강사업 공사에 참여할 수밖에 없다. 이러한 사람들은 비록 겉보기로는 4대강사업에 참여한 것이지만 사실은 단순히 생계활동을 한 것이다. 그러한 그들을 4대강사업 부역자라고 하는 것은 아니다.

4대강사업에 참여할지 않을지를 결정한 사람들은 선택의 여지가 있는 경우가 많다. 특히 전문가라고 하는 사람들은 선택할 수 있다. 그런데 그들도 '살아남기 위해'라는 물귀신 전략을 편다. 강자로서 4대강사업의 과실을 따먹으며 자신도 힘없는 삶을 살아가기 위해 4대강사업에 참여하는 약자인 척하는 것이다.

그러한 인간들에게 사회적 지도층이니 사회에 기여한 바가 있느니 하는 것은 친일 행위자들에게 애국을 했고 민족을 위해 살았다고 칭송하는 것과 다름없다. 지도층이라고 포장된 범법자들에게 그동안 국가 발전에 기여한 바를 참작한다며 행정 처벌을 하지 않거나 지은 죄에 합당한 형량을 선고하지 않는 행정과 사법 관행은 이제 평등한 국민 행복을 위해 사라져야 한다.

4대강사업을 반면교사로 삼아 국민은 '살아남기 위해'라는 비겁이 지도층에게 용납되지 않는 사회를 만들자.

이러한 비겁이 용납되지 않는 사회에서는 자신의 이익만을 위해 국민을 화수분으로 삼아 희생케 하는 공적 범죄를 합법화하거나 강압적으로 밀어붙이는 탐욕스러운 정치꾼이 발호할 수 없다.

4) 부국환경은 탐욕의 자연 파괴이다

부자가 되기 싫은 사람은 거의 없을 것이다. 그래서 그런지 자연환경을 개조해서 돈을 벌지 않는 것은 방치라며 부국환경을 외치는 인간들도 있는 모양이다. 국민의 세금으로 자연환경을 개조하는 과정에서 소득이 생겨 부자가 되는 사람이 있을 것이다. 그리고 개조된 환경을 자연의 과정에 역행하여 유지한다며, 아니 자연의 과정에 역행해서 생기는 영구 미제의 문제를 해결하거나 악화 속도를 늦춘다며 국민의 세금을 소득으로 가져가 부자가 되는 사람도 생길 것이다.

자연의 과정에 역행하는 행위로 국민들에게 역행 비용보다 더 큰 편익이 생긴다면 이를 진정으로 부국환경이라 부를 수도 있다. 하지만 국민은 편익이 없고 손실(부담)만 있다면 자연을 개조하고 유지하며 소득을 올리는 인간들은 국민의 부를 갉아먹는 기생충과 다름없다. 국토를 개조하여 국민을 기생충의 숙주로 만든다면 이는 망국환경이다. 이런 행위는 소수의 소득을 위해 국민의 소비 능력을 떨어뜨리는 것이기 때문이다. 그래서 정부가 국민의 세금으로 사업을 하려면 항상 일반 국민을 우선으로 생각하고 사업을 구상하고 추진해야 한다.

4대강은 국민 모두의 재산(국유지)이다. 따라서 4대강은 불특정 다수의 국민 누구나 즐길 수 있는(공익을 위한) 곳이다. 국유지인 4대강은 반면에, 특정인을 위해서 존재하지도 특정인에게 이용이 제한되지도 않아야 한다. 과거에는 이 4대강에서 불특정의 많은 사람들이 강수욕이나 천렵을 하였다.

하지만 지금은 강수욕을 하는 사람들이 거의 없고, 천렵을 하는 사람도 많이 줄었다. 하폐수 처리는 확대되어 과거보다 더 맑은 물이 유입되어도 위생 관념이 강해졌고, 오염에 대한 공포가 커진 탓에 강수욕은 사람들 삶에서 멀어졌다. 문화 활동비에 비해 상대적으로 훨씬 싸지고 안전한 먹거리를 시장에서 쉽게 취할 수 있게 되면서 천렵 인구도 급격히 줄었다. 문명의 위락 시설의 확대와 강변 활동에 대한 오염과 관련된 여러 가지 제한으로 자연의 강물에 발을 담그며 즐기는 강변 야유회도 거의 없어졌다.

이렇게 강에 접근하는 사람들이 급격히 줄면서 강은 점점 국민의 관심에서 멀어졌다. 결국 강은 국민의 시야에서 벗어난 버려진 자연과 다름없어졌다.

누군가가 국민의 시야에서 벗어나 방치된 자연을 부를 획득할 수 있는 가치 있는 도구라는 것을 인식하게 되었을 것이다. 그는 버려진 자연에서 어떠한 일이 일어나든 국민은 관심이 없을 것이라는 것을 알았을 것이다. 국민의 세금으로 국민에게 공익의 즐거움을 재현해 줄 것이라는 허구의 약속이 지켜지지 않더라도, 어차피 시야에서 벗어나 즐길 대상으로 인식하지 않던 곳이었다는 것 때문에 국민이 곧 파괴된 자연에서 기대하는 것이 없어질 것이라는 것을 알기에, 부국환경을 내세워 국민의 세금을 자신의 소득으로 삼을 수 있었을 것이다.

게다가 강이 국민의 관심에서 멀어져 있었고, 그리고 국민의 위생 관념이 강해졌고 오염에 대한 공포가 커졌기 때문에 계단 늪으로 파괴된 강이 원래부터 썩어있던 강인 것처럼 국민을 호도할 수 있다는 것도 그는 알고 있었을 것이다. 탐욕으로 그가 파괴한 4대강 늪의 수질을 개선한다며 밑 빠진 독에 물 붓는 격으로 세금을 퍼부으며 자신만의 부를 창출해도 국민은 당연한 것처럼 여길 것이라는 것을 그는 잘 알고 있었을 것이다.

이렇게 교활하고 사악하고 탐욕스러운 인간이 4대강사업을 추진했다고 믿지 않는다. 그렇다면 이 나라에서 사는 것은 너무 슬픈 일이다. 다만 4대강사업은 선의로 시작되었지만 그가 무지했기에 선의와는 다르게 국민의 부담만 영구히 지우는 사업이 되었을 뿐일 것이다.

정부에서 일하는 선출된 공직자와 임명된 공직자는 국민의 돈으로 국민을 위한 국민의 일을 하도록 고용된 조직의 일원이라는 것을 명심해야 한다. 국민은 그들을 섬겨야 하는 높은 지위의 특권층으로 여겨서는 안 된다. 그들은 국민을 섬기고 국민을 위해 일하도록 국민에 의해 고용된 공복일 뿐이다.

국민과 공직자가 각자의 신분을 망각하고 역의 관계를 형성하면 부국환경을 구실로 국토를 훼손하면서 교활하고 사악한 탐욕스러운 권력자가 만들어질 뿐이다.

국민들이여!
국민을 위해 고용된 공직자를 깊이 존중해 주되 섬기지는 말자!

5) 국민을 생각하는 4대강사업 되돌리기를 하자!

4대강사업이 진행되는 동안부터 사업이 완료된 이후 현재까지 녹조, 큰빗이끼벌레 번성, 실지렁이와 붉은 깔따구 번창 등 4대강의 개조된 계단 늪은 수질이 갈수록 나빠지고 있다. 계단 늪으로 유입되는 물의 수질을 더욱 좋게 만들기 위해 하폐수 처리를 강화하고 온갖 무용의 임시방편을 동원하는 데 국민의 세금을 투입해도 4대강사업의 대형보로 물길이 막힌 계단 늪은 갈수록 수질이 나빠질 수밖에 없다. 겉보기로 표층의 일정 수심의 수질은 별 변화가 없어져 보여도 물이 멈춘 늪의 물은 깊이가 깊어질수록 수질이 나빠지는 수질의 수직 분포가 형성되었으며, 바닥은 시궁창이 되어 버렸다. 이런 상황이 공개되기 시작하면서 4대강사업 부역자와 적극 지지자의 어쭙잖은 반발에도 불구하고 4대강을 원래대로 복원해야 한다는 국민의 목소리가 높아지고 있다.

그런데 토목과 조경 공사로 눈먼 돈을 챙기던 버릇 때문에 4대강사업이 초래한 폐해를 해결하기 위한 여러 제안들이 나올 것이다. 그런데 대부분은 4대강사업의 예들과 다름없이 강의 역동성이나 자연성을 무시한 세금 세탁의 방법에 의존할지 모른다. 4대강사업을 되돌려 우리의 4대강을 되찾는 일이 다시 탐욕을 채우는 수단이 되어서는 안 되겠다.

국민을 위한 올바른 4대강 되살리기를 하기 위해서는 4대강사업이 저지른 문제점을 잘 되돌아보아야 한다. 진지한 검토와 논의 없이 단지 눈먼 돈에 몰두되었기 때문에 4대강사업이 국민의 돈을 낭비하고 국토를 훼손하기만 하였다는 것을 명심하고 국민은 4대강 복원 계획을 승인해야 한다.

정확한 규모를 알 수는 없지만 4대강사업 계획상 엄청난 양의 준설을 통해 강바닥을 수 미터 이상 낮춘 곳이 많다. 만약 준설된 바닥이 유지된 상태에서 일시에 수문을 완전히 개방하거나 대형보를 철거할 경우 지하수위가 내려가 강 인근의 농경지는 가뭄에 취약해질 것이다.

그런데 다행히도 4대강사업 이후 하상을 유지하기 위한 준설은 없었다. 그리고 우리나라 하천은 상당량의 토사가 비가 올 때 유입된다. 그렇기 때문에 계단 늪의 상당한 곳이 재퇴적되어 하상이 올라와 있을 것이다. 따라서 재퇴적으로 하상이 복원되었기 때문에 대형보 철거 후 4대강사업의 대규모 준설로 낮아진 하상에 따른 전반적인 가뭄 취약 증대는 없을 것이다. 다만, 그 동안 홍수와 수문의 개폐에 따른 물의 이동에 따라 바닥이 어떻게 변형되었는지 조사하고 취약 지역이 있을지를 검토하고 수문을 개방하거나 대형보를 철거해야 할 것이다.

사실 마스터플랜이 주장한 4대강사업이 대규모 준설로 확보한 저수량이 유지되려면 정부는 매년 일정량의 준설을 꾸준하게 했어야 했다. 하지만 이명박 정부는 그러한 유지 준설을 계획하지도 않았고, 실제로 4대강사업 이후 저수량 유지 준설이 전혀 없었다는 사실은 4대강사업으로 수자원을 확보한다고 했던 이명박 정부의 주장이 거짓이었다는 것을 증명해주는 것이다.

　하상의 변동에 따른 용수 공급의 근본적인 문제는 없을 것이지만, 4대강사업의 대형보로 수위를 높이면서 취수구를 높이는 공사를 한 것 때문에 수문 완전 개방이나 대형보 철거에 따른 수위 저하가 용수 공급에 문제를 일으킬 것이다.

　하지만 이 문제는 취수구를 원래의 높이로 되돌리면 된다. 국민의 세금을 낭비하고 소수만 소득을 올리면서 쓸모없을 뿐만 아니라 문제만 양산할 것이 예상되는 4대강사업과 함께 무모하게 취수구를 높였던 취수구를 원상 복구하는 데 비용이 조금 들어갈 뿐이다. 이 비용은 4대강사업이 만든 영구적인 문제 때문에 영원히 낭비해야 할 국민 세금에 비하면 극히 미미하다. 단 한 번의 대형보 철거와 취수구 원상 복구는 대형보를 유지하면서 영원히 낭비해야 할 세금을 더는 낭비하지 않게 하는 실질적으로 국민에게 천문학적인 이득을 주는 사업이다.

　사실 대형보로 수위를 높인 상황에서 취수구의 위치를 높여야 할 이유는 수질이 변하지 않는다면 없다. 원래의 취수구 높이를 유지하면 만약의 사태에 대비해 수문을 열어 수위가 낮아져도 취수가 가능하기 때문에 높여야 할 이유가 없었다.

　그런데 왜 취수구를 높였을까?

　아마도 대형보로 물의 흐름이 멈추면 늪이 된 수체에서 수질의 수직 분포가 형성될 것을 4대강사업 설계자가 예상했기 때문에 취수구를 높였을 수 있다. 실제로 4대강사업이 완료된 후 수심이 깊어진 계단 늪은 퇴적된 유기물이 썩으면서 깊어질수록 수질이 더 나빠졌다. 취수구의 높이를 유지하면 더 나쁜 수질의 물을 취수해야 할 것을 알기 때문에 4대강사업 설계자가 취수구를 높였을 가능성이 있다. 아니면 수위가 높아지니 취수구도 따라 높이자는 단순무지한 발상으로 4대강사업 설계자가 취수구를 높였는지도 모를 일이다.

수문 완전 개방이나 대형보 철거 후에 발생할 수 있는 또 다른 문제는 대형보로 인한 수위 상승을 대비하여 농지개량이라는 희한한 명목으로 복토를 한 일부 농지가 가뭄에 취약해지는 것이다. 이는 4대강사업 이후 높아진 지하수위 때문에 농사를 지을 수 없게 된 지역이 회복되는 것에 비하면 큰 문제는 아니다. 복토된 높이가 낮은 지역은 별 영향이 없을 것이고, 가뭄이 영향을 끼칠 때 양수하여 물을 공급하는 것은 큰 비용이 들지도 않을 것이다.

준설에 의해 낮아진 하상의 회복(상승)이나 대형보 철거에 따른 수위 회복(저하)은 실질적으로는 문제가 될 것이 없다. 그것은 문제가 없이 아름답게 흐르던 원래의 금빛 모래강이 되살아나는 것이기 때문이다.

사실 쓸모도 없는 대형보를 유지하기 위해 수문을 완전 개방하여 4대강사업이 만든 문제를 해결하는 방법은 의미가 없다. 수문 완전 개방은 고정보가 여전히 물길을 막아 물의 역동성에 저해되어 4대강이 완벽한 금빛 모래강으로 회복되는 것을 방해하고, 국지적으로 4대강사업이 만들어 놓은 문제가 계속 유지되게 할 뿐이다. 따라서 대형보의 완전한 철거만이 완벽한 4대강 회복 방법이다.

문제는 현재 하상이 모래층이 아니라 진흙과 유기물이 잔뜩 든 펄층으로 유지되고 있다는 것이다. 펄층이 건강한 모래층으로 회복될 수 있도록 홍수기에 맞추어 상류부터 순차적으로 대형보가 철거되어야 할 것이다.

대형보가 철거되면 자연은 스스로 강을 회복할 것이다. 원래 우리나라처럼 하상의 기울기가 커 물의 흐름이 빠르고 계절별 우량의 변동이 큰 강은 매년 변하는 물의 역동에 따라 끊임없이 변하는 생물과 같다, 따라서 현 상태를 면밀하게 조사하고 평가한 후 세심하게 계획을 세워 대형보를 철거하면 수서생물이나 강변 모래톱과 식생은 자연스럽게 회복될 것이다.

그런데 생태복원을 구실로 국민의 세금을 소득원으로 삼아왔던 일부 생태조경업자들이 4대강의 파괴된 생태계를 복원해야 한다며 대형보 철거 이후 강변이 자연스럽게 회복되기 이전에 발 빠르게 국민의 세금으로 눈먼 돈을 만드는 생태복원사업이 필요하다고 목청을 높이며 서두를 것이다.

하지만 생태조경업자들이 설계하는 강변은 4대강사업처럼 자연의 과정에 역행하며 4대강의 자연적인 무료 회복을 저해하여 건강한 4대강으로 되돌아가는 시기를 늦출 뿐이다.

4대강 회복은 사람이 상주하며 사는 거주지의 복원이 아니다. 어차피 사람이 빼앗은 하천의 공간(제내지)을 보호하는 제방 밖 하천 공간(제외지)의 회복은 자연의 과정에 맡겨야 한다. 그것이 가장 빠르고 국민의 세금을 낭비하지 않는 유일한 방법이다. 이 방법이야 말로 자연이 주는 천혜의 신비를 사람이 감상하며 강을 즐기는 자연과 사람의 공존을 보장하는, 국민 행복을 위한 4대강 회복 방법이다.

6) 자연의 공간을 허하라

과거에 비해 경제적으로 여유로워진 지금 많은 사람들이 해외여행을 한다. 여행을 하는 목적은 다양하겠지만, 일차적으로는 우리 문화와 다른 외국 문화를 즐기며 배우는 것이다. 외국 문화를 즐기며 우리 사회는 인간 문화의 다양성을 이해하고 받아들이는 열린 마음과 문화로 발전한다.

해외여행의 또 다른 목적은 인간의 때가 묻지 않은 야생의 자연을 보고 느끼기 위해서다. "현대 문명에 인간의 때가 묻지 않은 순수한 자연이 어디 있겠는가?" 반문할 수도 있지만, 중남미, 동남아 뉴질랜드 등등 실질적으로 사람이 접근하기 어려운 곳이 아직 많다. 우리나라에도 사람이 접근하지 않거나 못하는 곳도 사실 많다. 유럽의 많은 나라들은 인위적으로 사람의 간섭이 없는 모습이 간직되도록 보호하고 있는 곳도 많다. 그러한 자연을 보고 느끼기 위해서 사람들이 해외여행을 간다. 홈쇼핑 방송을 가득 채우는 수많은 여행상품의 상당수가 그러한 자연을 방문한다는 것을 강점의 하나로 홍보하는 것만 보아도 사람들은 인간의 때가 묻지 않은 순수 자연에 대한 동경이 있다.

그런 반면에 우리나라에서는 자연이 점점 없어져만 간다. 사람의 편의만 생각하며 일상의 삶에서 어쩌다가 접근할 가능성이 있는 자연까지 사람이 늘 직접 거주하는 곳처럼 개조하여 유지하려는 경향이 있다. 이는 가장 가까운 곳의 보물을 알아채지도 못하고, 더욱이 문명의 삶에서 지친 삶을 달래고 치유할 자연에 쉽게 접근하고 동화할 기회를 없애버리는 우매함이며, 그 속에서 늘 생활하지도 않는 공간을 개조하여 유지하는 비용을 낭비하는 우매함이다. 그 개조와 유지를 위한 국민의 비용(세금)을 소득원으로 생각하고 부국환경을 외치는 탐욕스러운 인간들이 국가 예산 혹은 지방자치단체 예산이라는 세탁조 때문에 자신들이 비용을 지불하는 것을 느끼지 못하는 국민들을 속이는 것이다.

평생을 쓰고도 남을 돈을 모은 갑부가 일 년에 한두 번이나 갈지 말지 하는 별장을 별장지기까지 고용하며 유지하는 것이 부러운 서민들이 정부 예산으로, 공짜로 정치꾼이 자연을 개조해서 인간의 공원으로 만들어 언제든지 올 수 있게 해주겠다는 허위에 속는 것인지 모른다. 어쩌면 세금 세탁이라는 것을 알면서도 갑부가 된 것 같은 기분을 느끼기 위해서 스스로 원하는 국민들이 있을지도 모르겠다는 생각이 들기도 한다. 하지만 그러기에는 낭비되는 비용이 너무 많다.

4대강사업에 들어간 22조 원을 사람이 직접 거주하는, 접근이 쉬운 곳에 분산하여 정원이 잘 가꾸어진 소공원을 만들었다면 사람들이 일상에서 쉽게 접근하며 삶의 고단함에서 잠시 벗어날 수 있었을 것이다. 4대강사업 때문에 국민 대다수가 가지도 않을 4대강 개악을 위해 국민 세금 22조 원을 일시에 날린 것은 물론 개악된 환경을 개선 유지한다며 매년 수천억 원의 세금이 낭비되고 있다.

　전국의 도시들 모두 동시에 뉴욕의 센트럴 파크와 같은 공원을 만들기는 어려울 수도 있다. 하지만 4대강사업 하듯이 한다면 못 할 것도 없다. 이런 공원이 만들어진다면 주민들이 일상으로 공원에 가서 하루의 고단함을 풀거나 잠시 문명에서 벗어나는 여유를 만끽할 수 있을 것이다. 이런 공원은 완벽하지는 않지만 문명의 핵인 도시에 자연의 공간을 허함으로써 순수 자연에 대한 사람의 동경하는 마음을 채워줄 수 있다.

　인구 밀도가 극히 낮아 자연 속에 소규모 문명이 산재해 있는 지역이나 4대강처럼 아예 문명이 실질적으로 없는 곳은 자연 그대로의 공간을 허함으로써 일상에서 모든 국민이 자연을 쉽게 접근하고 만끽할 수 있게 해주어야 한다.

　인간의 간섭이 늘 배제되어 있는 자연을 간혹 사람이 바라보거나 접근했을 때 사람의 다친 마음도 치유되고 한가로운 행복을 느낄 수 있다. 더구나 우리나라처럼 맹수나 독충이 거의 없는 나라에서는 자연 그대로 유지된 곳이 사람의 안전과 생명에 위협이 될 것은 없다.

특히 대형보를 철거하여 4대강이 회복될 때 제내지의 안전을 위한 최소한의 방재 활동 이외에는 자연의 과정에 거스르는 인위적인 생태복원을 금지함으로써 국민의 세금 낭비 없이 순수 자연의 공간이 유지되는 것을 허해야 한다. 특히 4대강사업의 대형보가 있던 우리나라 4대강 본류는 모래톱이 발달하는 강이라 맑은 물이 유지되며, 심산유곡처럼 음습한 곳이 크게 발달하지 않아 4대강에 접근하는 사람들의 안전과 생명에 별 위협이 되지 않는다.

4대강에 자연의 과정을 허함으로써 사람과 자연이 공존하는 성숙한 문화를 이루자!

7) 함께하는 4대강을 꿈꾸다

어린 시절 지역에 있는 시내(소하천)나 강에 가서 멱도 감고 천렵도 하며 놀았던 추억이 있다. 겨울에는 얼음을 지치며 둔치에서 쥐불놀이를 하기도 했다. 당시 시내와 강은 동심의 놀이터였고, 자연을 배우는 곳이었다.

그런데 우리나라는 경제가 성장하면서 여유로운 삶으로 진보한 것이 아니라 돈에 종속되면서 오히려 여유를 잃어가는 사회로 퇴보하여 버렸다. 많은 사람들이 돈을 벌기 위해, 그 돈을 끌어들일 수 있는 권력을 위해 경쟁에 뛰어들며 여유를 잃어가고 있다. 심지어는 돈의 노예가 된 사람들이 자녀들을 뱃속에서부터 경쟁의 굴레에 몰아넣기까지 한다.

경쟁에서 뒤처지면 가난해지는 것을 우려하는 것이 아니라 돈을 쓸어 담을 수 있다고 생각되는 직업이나 돈을 끌어들일 수 있는 권력에서 멀어질 것을 우려하기 때문이라는 현실이 참으로 씁쓸하다. 금력과 권력을 통해 타인을 지배하고 조종하고 싶은 갑질 우선 문화가 되어 버린 듯하다.

갑질 문화가 심해지면서 갑질에 대한 반감이 커지면서 표면적으로는 갑질을 당하지 않기 위해서 경쟁에서 뒤처지지 않으려 몸부림치는 듯하지만, 어쩌면 갑질을 하기 위해서일지도 모른다는 착각이 들 정도로 일상에서 보통사람들의 갑질을 너무 흔히 만난다.

경쟁과 갑질에 시달리며 사람들은 점점 더 여유를 잃어가고 자연과 멀어졌다. 사람들에게서 멀어진 자연은 단지 몇 탐욕스러운 인간들이 눈먼 돈을 거두어들이는 도구로 취급되어 점점 더 없어지고 있다. 자연이 사라지는 것은 우리 삶이 여유가 없어지고 각박해지고 있는 것을 상징하는 것이다.

자연과 사람의 공존은 사람이 탐욕을 버리고 자연의 공간을 허할 때 가능해진다. 자연과 사람의 공존은 우리 사회가 상하지배관계의 수직사회가 아니라 협조하고 화합하는 수평사회가 되었을 때 가능하다. 자연이 지배를 위한 수단이 되지 않았다는 것을 자연과 사람의 공존이 보여주기 때문이다. 이러한 자연과 사람의 공존은 타인 위에 군림하기 위한 각박한 경쟁이 아니라 타인을 위해 일하기 위한 여유로운 경쟁을 상징한다.

  4대강의 자연에서 사람들과 낙조를 즐기며 환하게 웃으며 미래를 꿈꾸는 그런 날을 기다린다.

나가며

선의로 포장된 눈먼 돈 만들기 사라져야

이명박 정부의 4대강사업이 형식적으로 종료된 후 5년 이상 지났다. 4대강사업이 남긴 폐해가 지적되고 있는데도 언제나 그렇듯 그 폐단이 우리나라에 늘 있었던 것처럼 사람들이 무덤덤해져 가고 있다. 오히려 일부가 그 폐해를 이용해 탐욕을 더욱더 열심히 채우려 하고 있어 큰일이다.

다만 새로운 정부가 시작되고 4대강사업의 폐해가 공적으로 언급되기 시작한 것이 그나마 다행이다. 하지만 4대강사업에 동조한 많은 인간들이 자기보호 본능으로 4대강사업의 폐해 발생을 부정하며 반발하고 있기도 하다. 어쩌면 이는 보호와 방어심리가 있는 사람들에게서 볼 수 있는 자연스런 반응일 것이다.

그런데 4대강사업 추진에서 보았던 것과 같은 국가 권력의 병폐는 단순히 어제 오늘의 일이 아니다. 4대강사업과 같이 국민의 세금으로 소수가 부를 챙기는 국가정책 사업이 일방적으로 추진될 수 있었던 것은 대한민국 정부가 수립된 이후 나라는 명목뿐이고 오직 자신의 부귀영화만을 꿈꿔온 정치꾼들이 우리 사회를 좀먹어온 결과이다.

사실 이런 결과는 일제 강점기 동안 친일 세력이 일제가 씌워준 권력의 감투를 쓰고 겨레의 영혼을 팔며 부귀영화를 누려온 것에서 비롯된 것이다.

최근 우리가 목격한 국정농단은, 일제 때 공무 행위가 부귀영화를 누리기 위한 친일 세력의 수단으로 전락하여 버렸고, 광복 후 친일 세력이 청산되기는커녕 더욱 기승을 부리며 국가 권력을 감투로 계속 누렸기 때문에 발생한 것이다.

광복 후 소련에 빌붙었던 북은 왕조를 세우는 데 성공하였고, 미국에 빌붙은 남은 시민의 저항에 왕조의 꿈이 두 번 실패하였다. 소수 왕족과 귀족에 매몰되어 국가 경제가 몰락하고 수많은 시민이 사람으로서 누려야 할 최소한의 삶조차 보장받지 못하는 북과, 시민의 저항에도 불구하고 자신의 부귀영화만을 쫓는 돈의 노예들이 국가 권력을 사유화하고 시민은 강아지, 도야지 취급받으며 가렴주구 당하는 남은 모두 겨레의 미래를 위해 이를 청산해야 할 숙제가 남아 있다.

남북의 지배 세력은 남북 분단을 교묘하게 이용해 국가 권력의 사유화에 성공하고 있는 듯하다. 국민들은 그들만의 권력 쌓기에 지치고 차별을 감내하며 불만을 해소하지 못하는 자괴감에 빠져 있다.

　국가 권력의 사유화에 따라 매번 반복되는 대통령 친인척의 비리에 진저리 치면서도 인내하던 국민들이 막장 드라마에서조차 상상하기 어려운 최순실 국정농단 사태가 일어나는 상황에서 급기야 더는 참지 못하고 촛불을 들게 되었었다.

　최순실 사태라는 우리나라의 부끄러운 실태가 단지 몇몇 개인의 일탈행위로 얼룩진 대통령만의 문제인 것처럼 정리되고 표면에 드러난 일부 세력만 꼬리로 잘라내어 버리는 것으로 일단락되어서는 안 된다. 우리 겨레의 미래에 더 큰 불행이 생기지 않아야 하기 때문이다.

　최순실 사태가 발생할 수 있었던 근본 바탕인 사회 병폐를 진단하고 반성하기보다는 권력의 감투를 잡으려는 데에만 다시 혈안이 된 정치권 그들만의 권력 다툼이 아무렇지 않게 언론을 통해 중계되고 있던 모습이 안타깝다.

　'구관이 명관'이라든지, '그놈이 그놈'이라는 자포자기의 자괴감에서 벗어나기 위해 몸부림치는 사회를 어떻게 치유할지에 대한 논의는 보기가 어렵다. 누가 권력의 감투를 잡을지에만 온통 관심이 집중되었고, 그러면서 동아줄이 썩은 동아줄인지 아닌지 감별하기 위해 애쓰는 모습만 보였다.

　강아지, 도야지 취급 받는 시민들이 이런 와중에 그래도 누가 조금이나마 덜 사기꾼일지 고심해야 하는 우리 정치 상황은 이제 반복되지 않아야 한다. '좋아서,' '대통령의 자질이 있어서'가 아니라 '저 후보가 더 싫어서,' '저 후보가 당선될 것 같아서' 투표에 참여하는 자괴감의 선거 풍토가 사라지는 세상이 오기를 바라며 이 책을 쓰기 시작했다.

이전에도 크고 작은 공공사업을 통해 시민의 세금을 소수가 거두어들이는 '눈먼 돈 전략'이 횡행했지만, 4대강사업처럼 국가 기관을 통해 한꺼번에 대량으로 세금을 세탁하여 소수가 노골적으로 가져가는 일은 흔하지 않았다. 더구나 공무에서 완전 범죄를 꾀하기 위해 가능한 많은 공범들을 동원하는 행태와 유사한 일들이 4대강사업 추진 과정에서 많이 보였다.

4대강사업이 진행되는 과정에서 허위와 기만이 너무도 뚜렷이 보이는데도 불구하고 숱한 관료와 전문가들이 동원되었고, 형식적, 정치적 반대 이외에는 소수를 제외하고는 진정한 반대를 정치권에서 찾아보기 어려웠다.

이러한 4대강사업의 진행을 겪으며 떠올랐던 단상들을 정리하는 과정에서 국가 권력의 사유화가 심각하다는 생각이 떠올랐다.

4대강사업이라는 무용지물의 병폐 사업을 막기 위해 권력과는 무관한 소시민들이 허망한 몸짓들로 기대어보았지만, 정치권은 여전히 그들만의 권력 쟁취에만 매몰되어 있는 듯했다.

그들은 4대강사업을 권력 쟁취를 위한 구호에만 이용하였지, 일부를 제외하고는 여야 할 것 없이 사업 자체의 내용이나 국가 미래, 특히 국민의 미래에는 관심이 없는 듯했다. 그런 그들에게 무기력한 시민들이 여전히 국가 권력을 주어야 할 수밖에 없는 현실이 안타깝다.

이명박 정부 시절에 4대강사업과 함께 가렴주구를 위해 통치 행위를 빙자한 여러 국가정책 사업들을 통한 세금 세탁이 동시다 발적으로 일어났다. 이러한 국가정책들은 모두 국가 발전을 위한 선의에 의해 추진되는 것으로 포장되었다.

박근혜 정부에서 일어난 최순실 사태의 책임에서 벗어나기 위한 궁색한 변명도 역시 국가 발전을 위한 선의로 추진한 국가정책이나 통치 행위라는 위선에서 벗어나지 않았다.

우리 사회가 이러한 황망한 구실이 더는 내세워 질 수 없는 사회로 가는 데 이 책이 조금이나마 기여하면 좋겠다.

국민 행복을 위한 대한민국과 정책을!

4대강사업처럼 특정 집단이나 세력을 위해 정책이 입안되고 사업이 추진되는 경우는 정부가 마련하는 혜택 배분의 불균형 정도가 클 뿐만 아니라, 불균형을 완화하거나 해소하는 것은 고려 대상이 아니다. 이 경우 가로림만 조력발전 사업 추진의 예보다 더 극명하고 심각한 갈등이 생긴다. 이런 사업의 후유증은 영구히 남는 갈등으로 사회를 양분해 버린다. 아니 양분된 사회에서 이러한 사업이 도덕적으로 무감각하게 추진된다.

또 한편으로는 4대강사업 추진의 경우 이득을 볼 집단이나 세력은 분명한데 부담을 더 지어야 하는 집단이나 개인은 불특정 다수의 국민으로 불명확하거나 구체적이지 않다. 따라서 이런 사업을 두고 갈등이 일어나더라도 우리나라 행정과 사법 관행에서는 부담자가 불특정 다수의 국민으로 실체가 없기 때문에 구체적인 이득 집단에 의해 그러한 국가 정책사업이 비교적 쉽게 강행될 수 있다. 그러한 사업이 추진되는 것을 막지 못하는 사회는 도덕적 해이를 부추기고 정의가 사라지게 만들어 버린다.

이 책의 주된 소재인 4대강사업은 그릇된 국가정책 사업의 극단적인 예일 뿐이다. 사실 많은 국가정책이나 그에 따른 사업들이 국가 발전과 공익 증진에 기여해왔기 때문에 오늘날의 대한민국이 있는 것이라는 것을 부정할 수는 없다.

또한 소수가 불순한 의도로 4대강사업 등을 계획하고 추진했을지라도, 많은 사람들은 정부가 내세운 선의의 명분을 믿고 국가 발전에 기여할 것이라는 일념이나 단순한 생업으로 4대강사업에 참여했을 것이다.

이 책이 우리나라 근현대사에 기록되었거나 우리 국민이 경험한 국가나 지방자치단체의 정책이 남긴 공과를 진솔하게 돌아보는 계기가 되고, 진정으로 국민을 위한 미래 대한민국을 건설하는 데에도 보탬이 되기를 바란다.

보수와 진보의 견제와 균형을 통해 국민이 행복한 사회!

보통의 국민은 보수적일 수밖에 없다. 급변하는 사회에 적응할 자원이나 능력이 없기 때문이다. 그러나 (돈과 권력을) 가진 자들의 횡포가 극에 달하게 되었을 때는 더 이상 인내할 수 없어 급격한 변화를 원하게 된다. 이럴 때 혁명이 일어나고, 사회의 격변 속에 가진 자들의 재편이 이루어진다. 재편된 사회 속에서 보통의 국민은 다시 새로운 가진 자들의 아량을 기대하며 보수가 된다.

보통의 국민은 가진 자가 될 의욕조차 가져본 적이 없다. 보통의 국민은 그럴 여유조차 없다. 진보는 그런 보통의 국민에게 사회 모순을 지적하고 보통의 국민을 위해 새로운 미래를 줄 것을 끊임없이 자극한다. 인내의 한계에 도달한 보통의 국민들이 진보의 손을 들어준다. 격변의 혁명 와중에 일부는 신분이 달라지지만 대다수 보통의 국민은 여전히 보통의 국민일 뿐이다. 과거의 진보는 보수가 되고 새로운 진보가 사회 격변을 꾀한다.

이러한 정치권의 보수-진보의 무한순환 과정을 통해 사회가 진보해 왔다. 이러한 무한순환의 과정은 지배계층과 피지배계층의 구별이 뚜렷이 있던 시대의 이야기다. 보수와 진보 순환의 혁명 이야기는 지배계층 내에서 권력을 잡은 자와 놓친 자의 시소게임 이야기다.

지금은 모두가 가진 자이고 또한 모두가 보통의 국민인 사회다. 아니 이 시대는 모든 국민이 가진 자이자 보통의 국민이라는 이

〈그림 39〉 모래톱으로 둘러싸여 맑은 강물이 휘돌았던 회룡포가 이명박 정부가 건설한 무용의 영주댐으로 훼손되기 전 모습(2011년 3월 26일).

상이 실현되기를 바라는 시대이다. 지배-피지배 관계를 부정하며 지배와 피지배 관계가 없는 평등사회가 이 시대의 이상이다. 이 이상을 실현해가는 와중에도 권력 투쟁의 보수와 진보 대립이 사회를, 아니 보통 국민들을 각 진영으로 끌어들여 사회를 갈등의 구렁텅이로 몰아가려 하지만, 머지않아 그러한 권력 지향의 정치 보수와 진보는 그들의 탐욕 때문에 보통의 국민들에게 외면당할 것이다.

　평등한 국민의 시대에는 보수와 진보의 정치권이 권력 투쟁의 한 축이 아니라 보통의 대등한 국민과 동류로서 보수는 그 동안 국민을 위해 잘 지켜져 온 제도와 문화의 지킴이로, 진보는 그럼에도 불구하고 나타나는 사회 부조리와 모순을 지적하며 급격한 변혁의 기수로 각자의 소임을 다해야 한다. 이러한 진정한 보수와 진보는 서로를 부정하고 멸시하고 배척하고 비난하며 반목하는 적과 적이 아니라 사회 발전을 위해 견제와 균형을 통해 변혁의 충격을 완화하며 국민을 행복으로 이끌어가는 동료로서 화합의 사회를 유지해 가는 씨줄과 날줄이어야 한다.

붙임: 보론

함께하는 사회의 구현
4대강사업의 이기적 탐욕과 생명 경시 극복*

정민걸(공주대학교)

요약문

많은 국가정책이나 지방정책 사업들이 애국충정으로 수식되었지만, 결과적으로 사적 탐욕의 추구에 이용되고 있다. 이런 일은 장기간의 독재하에 대통령의 의지나 국가정책은 국가발전을 위한 애국충정에 따른 것이라고 맹신하도록 길들여진 사회에서 일어날 수 있

---

* 본 글은 ≪생명연구≫에 게재된 논문이다. ≪생명연구≫, 제45집(2017), 53~96쪽.

는 일이다. 국가정책 사업을 통한 국가권력에 의한 무한 탐욕의 추구는 사회의 양극화를 초래하는 요인 중 하나이다. 4대강사업은 그런 의혹이 있는 사업의 예 중 하나로, 생태복원, 수해예방, 수자원확보, 경제발전, 첨단기술 선도 등의 장밋빛 목적과 실제 사업 내용이 괴리된 국가정책 사업이었다. 4대강사업처럼 자연생태계를 파괴하는 사업은 우리나라는 물론 지구생태계의 지속성을 해친다. 한편 자연 생태계는 구성원들이 물질적, 신체적 한계 내에서 공존하는 모자람의 지혜를 보여준다. 모자람의 지혜에 바탕을 두고 유지되는 자연생태계는 생태적으로 평등한 무심의 공존을 보여준다. 인류 사회 역시 생태적으로 평등한 무심의 공존을 이룰 수 있도록 모자람의 지혜가 작동하게 할 필요가 있다. 기본소득 등과 같은 모자람의 경제 장치 도입은 자연 파괴를 일삼는 탐욕을 잠재우고 사회 갈등을 키우는 양극화를 해소함으로써 시민 모두가 함께 하는 사회로 갈 수 있게 하는 방안의 하나로 논의될 필요가 있다.

주제어: 생태 평등, 지나침의 무지, 모자람의 지혜, 무심의 공존, 기본소득

1. 탐욕의 소멸을 위하여

우리 사회는 지금 공적인 국가 권력을 사유화하여 몇몇 개인의

탐욕을 채워온 것으로 인식되는 사태를 목격하였다.[1] 그런데 개인적인 친분만 있었을 뿐 국가정책을 애국충정으로 시행한 자신은 잘못이 없다는 대통령의 주장이 있다.[2] 이러한 사태는 단지 국가 최고 권력자를 사적으로 안다는 사실만으로 한 개인이 국정을 농단할 수 있을 만큼 국가 권력의 사유화가 극에 달한 사회가 되어 있을 가능성을 말해준다.

그런데 이런 사태는 새삼스레 일어난 새로운 일이 아니고, 이제까지 사소하거나 그럴 수 있는 정도라며 그 동안 일어난 유사한 행태들을 묵인해 온 결과인 것이다. 탄핵소추에 대한 변론으로 대통령과 여당이 과거 대통령들에게서도 유사한 일들이 있었으

---

1 《JTBC》, 〈뉴스룸〉, 2016.10.24. 비선 실세의 국정농단에 대한 최초 보도 이후 관련 보도가 봇물처럼 이어짐; 《조선일보》, 「김대중 칼럼: 2017년의 화두는 檢證이다」, http://news.chosun.com/site/data/html_dir/2017/01/02/2017010202465.html, 2017.01.02.

2 《서울경제》, 「박근혜 대국민 사과: 최순실, 일부 연설문 표현 도움 받아」, 2016.10.25, http://www.sedaily.com/NewsView/1L2TY5Q4KJ; 《이데일리》, 「박근혜 대통령 대국민담화」, 2016.11.4, http://www.edaily.co.kr/news/NewsRead.edy?SCD=JF21&newsid=02082806612842440&DCD=A00602&OutLnkChk=Y; 《일요서울》, 2016.11.29, 「朴 대통령 제3차 대국민담화 전문: 진퇴 문제 국회에 맡기겠다」, http://www.ilyoseoul.co.kr/news/articleView.html?idxno=155079; 《중앙일보》, 「전문: 박근혜 대통령, 출입기자단 신년 인사 간담회 내용」, 2017.1.1, http://news.joins.com/article/21067464.

며, 따라서 탄핵을 당할 사안이 아니라고 주장한 것은[3] 이런 묵인이 보편적으로 진행되어 왔다는 반증이기도 하다.

한편 공직에 있지 않은 개인이, 혹은 수준이 낮은 개인이 국정을 농단한 것에 더욱 경악하는 것은[4] 또 다른 문제를 보여준다. 쉽게 고급 정보나 인맥에 접근할 수 없는 지위나 수준의 개인이 국정을 농단했다는 것은 분명 심각한 문제이다. 그런데 이러한 경악의 이면에는 높은 수준의 교육을 받았거나 높은 공직에 있거나 그 지위에 올랐던 개인이 동일한 행태를 했을 때는 감내할 수도 있는 듯한 매우 불합리한 태도가 숨어 있다. 이러한 태도는 그 동안 최고 권력자를 중심으로 한 비리가 매 정권마다 발생한 원인이며 앞으로도 우리 사회가 밝은 미래로 가는 데에 걸림돌이 될 것이다.

이번 국정농단 사태가 대통령의 사적인 한 지인을 중심으로 발

---

3 《포커스뉴스》, 「이완영-김대중·노무현 정권 때도 최측근 비리 있었어」, 2016.11.30, http://www.focus.kr/view.php?key=2016113000165807639; 《시사브리핑》, 「박 대통령의 뻔뻔함에 경악한다…(청와대가 헌재에 제출한 답변서 전문)」, 2016.12.18, http://www.nanews.co.kr/news/articleView.html?idxno=15870; 《매일신문》, 「朴 대통령 헌재에 제출한 '세월호 7시간 행적' 답변서 전문」, 2017.1.10, http://www.imaeil.com/sub_news/sub_news_view.php?news_id=1562&yy=2017.

4 《연합뉴스》, 「中 신화통신 선정 '국제무대 새 얼굴'에 최순실 포함」, 2017.1.2, http://www.yonhapnews.co.kr/bulletin/2017/01/02/0200000000AKR20170102044700083.HTML?input=1179m.

생한 국정농단으로만 몰아져간다면,[5] 우리 사회는 국정을 제대로 통할하지 못하는 대통령이 있는 동안 다양한 사람들이나 세력들이 권력을 사유화하면서 탐욕을 추구하는 일을 찾아내어 처벌하는 노력을 하지 않는 사회가 될 우려가 있다.

이러한 예와는 다르게 정책 추진이 명백하게 드러날 수 있는 국가 권력 사유화의 예가 4대강사업이다. 4대강사업은 온갖 미사여구가 동원된 국가정책 사업이었으나,[6] 국가 즉 국민은 잃은 것만 있는 사업이었다.[7] 4대강사업으로 남겨진 폐해를 덮기 위해 끊임없이 국민의 세금이 낭비되어야 하며,[8] 선의든 악의든 소수만이 국민의 세금 낭비를 소득으로 전환할 수 있다.

본 논문은 4대강사업을 정리·평가하면서 4대강사업을 추진한

---

5 《서울신문》, 「정호성 녹취록: 국정원 댓글 대응도 최순실…불러준 대로 읽은 대통령」, 2017.1.5, http://www.seoul.co.kr/news/newsView.php?id=20170105500176&wlog_tag3=daum.
   ※ 이들 이외에도 대통령이 한 지인의 아바타와 유사한 행태를 보인 것에 초점을 맞추며 그 개인 중심으로 국정이 잘못된 것을 조롱하는 기사들이 많다.

6 국토해양부 4대강 살리기 추진본부, 『4대강 살리기 마스터플랜』, 2009.

7 최병성, 『강은 살아있다: 4대강 사업의 진실과 거짓』, 황소걸음, 2010; 최석범, 『4대강 X파일: 물 부족 국가에 대한 감춰진 진실』, 호미, 2011.

8 《경향신문》, 「청계천 일 년 내내 녹조…서울시 제거비용 8천만 원」, 2009.12.18, http://news.khan.co.kr/kh_news/khan_art_view.html?artid=200912181806555&code=940701&manage=y#csidx8f2f6b4ed085dc9910cc5dbe285ee0d; 《한겨레》, 「낙동강은 녹조라떼 세상…정부는 대책 있습니까?」, 2016.8.16, http://www.hani.co.kr/arti/society/environment/756946.html.

동인을 살펴본다. 4대강사업은 자연 생태계를 파괴하면서 국민에게 지속적인 부담만 안기고, 갈등을 키운 국가정책 사업이다. 따라서 이러한 국가정책 사업을 추진하는 탐욕을 억제함으로써 국민 모두 함께하는 사회가 실현될 수 있을 것이다. 본 논문은 4대강사업 동인인 무한 탐욕의 추구가 화폐라는 무한 저장 수단의 탄생에서 비롯된 것으로 보고 화폐에 기반을 둔 무한 탐욕을 완화하기 위해 우리 사회가 견지해야 할 이념과 제도를 모색하기 위한 시작으로서 생태 평등과 기본소득으로 논의를 전개하고자 한다.

2. 무소불위의 4대강사업 추진

1) 폐기된 한반도 대운하 사업 공약

4대강사업은 대통령 선거에서 한 후보가 내세운 한반도 대운하 공약에서 비롯되었다.[9] 과거 항공 교통수단은 없고 육로 교통수단이 발달하지 않던 시대에 유럽에서 운하를 통한 수운이 물류

---

[9] 《허핑턴포스트 코리아》, 「정두언 회고록 13. 한반도 대운하의 포기, 4대강 살리기로의 전환」, 2016.11.4, http://www.huffingtonpost.kr/dooun-chung-/story_b_12794666.html; 《미디어오늘》, 「이상훈: 이명박의 4대강 '삽질'을 기억하라」, 2016.12.4, http://m.mediatoday.co.kr/?mod=news&act=articleView&idxno=133578&sc_code=&page=&total=.

수송의 중요한 수단이었다. 하지만 항공과 육로 교통수단이 발달된 지금은 운송 수단이 아닌 물놀이 관광으로 이용되거나 복원되고 있다. 그런데 운하는 관광자원 용도에서도 주된 것이 아닌 부수적인 관광 수입의 일환일 뿐이다.

지금은 한반도 종단을 육로로 몇 시간 이내에, 그리고 항공으로 1시간 이내에 운송이 가능하다. 유럽에서도 운하는 기본적으로 단지 과거의 유적일 뿐이다. 한반도 종단에 며칠이 걸릴 운하를 21세기의 한반도 물류 수송의 중심으로 만든다는 공약은 쓸모없는 약속이었다. 결국 이 공약 사업은 막대한 국민 세금을 낭비하는 토목공사일 뿐 경제 효과가 없다는 비판에 직면하였고[10] 공약은 철회되었다.[11]

2) 살리기로 둔갑한 대규모 토목공사의 부활

돌연 정부는 생태나 수재 측면에 문제가 없는 4대강 본류를[12]

---

[10] Christian Doppstadt & Youngjin Choi, "Impact of Artificial Waterways on the Local Economy: Some Lessons from the German Experience,"《한독사회과학논총》, 18권(2호), 261~280쪽;《MBC》,〈PD 수첩: 심층취재 – 현지보고, 독일운하를 가다〉, 2008.2.12.

[11] 《아시아경제》,「건설업계, 대운하 포기에 – 당혹, 혼돈스럽다」, 2008.6.20, http://www.asiae.co.kr/news/view.htm?idxno=2008061918171865347.

[12] 국토해양부,「금강 살리기 사업 환경영향평가서」, 2009; 국토해양부,「낙동강 살리기 사업 환경영향평가서」, 2009; 국토해양부,「영산강 살리기 사업 환경영

살리겠다며, 4대강 본류에 대규모 토목공사를 국가정책 사업으로 추진한다고 선언하였다.[13] 한반도 대운하 토목공사 계획이 좌절되자, 이름만 바꾼 대규모 토목공사로 4대강의 생명과 생태를 파괴하며 국민의 세금을 낭비한다는 비판이 일어났다.[14] 정부는 이런 비판을 무시하고 국가 권력을 동원하여 자칭 '살리기' 4대강사업을 추진하였다. 그런데 4대강사업과 같은 대규모 토목공사의 추진은 국가정책 토목사업 예산의 최소 15%가 통상 비자금으로 빠져나간다는[15] 토목업계에 널리 퍼져 있는 지적과 무관하지 않을 것이다.

3) 국가정책 사업은 애국이라는 허구의 명분

국가정책 사업은 정당한 사업이고 추진되어야 한다고 무조건 인정하는 반민주적 태도에 편승하여 추진된 것이 4대강사업이다. 다시 말해서 장기간의 독재 정권에 길들여진 사회 저변에, 대통

향평가서」, 2009; 국토해양부, 「한강 살리기 사업 환경영향평가서」, 2009.
13 《허핑턴포스트 코리아》, 2016.11.4.
14 《불교신문》, 「4대강 사업은 反생명적 사업」, 2009.10.17, http://www.ibulgyo.com/news/articleView.html?idxno=99455.
15 《한국과학기술인연합》, 「건설,토목그리고비자금조성−한국의 개혁은 어떻게」, 2007.12.17, http://scieng.net/freeboard/57434; 《주간현대》, 「4대강 비자금 800억 불똥⋯사장에게 튀려나」, 2012.9.27, http://m.hyundaenews.com/1481.

령이 독단으로 결정한 국가정책은 국가발전을 위한 애국의 실현이며, 그에 따른 사업은 정당한 것이라고 여기는 반민주적 태도를 정부가 이용한 것이다.

실제로, 4대강사업의 일환으로 시행된 금강 사업에 대한 환경영향평가 심의위원회에서, 국가 공무원인 한 심의위원은 자신이 하는 개인 사업이면 이런 사업을 하지 않겠지만 국가정책 사업이기 때문에 추진되어야 한다고 발언했다. 이 발언은 실효성 없는 보여주기 사업이지만, 국가가 대통령이 추진하는 것이기 때문에 문제를 삼지 말아야 한다는 주장인 것이다.

최근 자신의 지인에 의한 국정농단 의혹에 대한 해명으로 국가발전을 위한 애국충정으로 추진한 사업들이었기 때문에 떳떳하다는 대통령의 주장도[16] 이런 맥락에서 잘못을 정당화하려는 것이다. 설령 대통령이 직접 관여하지 않았다는 주장이 진실이라 하더라도, 최소한 지인의 국정농단을 인지하지도 통제하지도 못하며 기만당하고 우롱 당했다면, 최소한의 정치적 책임을 지는 자세는 필요할 것이다.

그런데 최소한의 반성이나 유감도 표하지도 않고, 국정농단을 저지른 무리들을 일벌백계할 의지조차 표하지 않는 것은[17] 대통

---

16 《서울경제》, 2016.10.25;《이데일리》, 2016.11.4;《일요서울》, 2016.11.29.

17 세 차례의 대국민 담화에서 자신과는 무관함을 역설할 뿐 지인이 중심이 된 국정농단을 엄중히 처벌할 의지나 책임 의식이 전혀 없다. 《서울경제》, 2016.10.25;《이데일리》, 2016.11.4;《일요서울》, 2016.11.29.

령이 추진하는 국가정책 사업은 무조건 국가발전을 위한 애국이라고 인식하는 반민주적 태도에 매몰된 사회의 어두운 일면이다. 다시 말해서 이러한 무책임한 변명은 대통령은 항상 애국충정으로 국정을 통할하며, 잘못이 발생하면 다 하위직이나 친인척의 잘못일 뿐이라는 전근대적 인식이 팽배한 사회의 어두운 일면이다. 이러한 행태는 과거 절대왕정 시대에 잘못된 국정에 대해 역성혁명이 아닌 한 왕을 바꿀 수 없어 신하의 잘못으로 몰아 꼬리를 자르며 신성한 왕을 구한 것과 일맥상통하는 것이다.

4대강사업은 이런 전근대적 국가정책, 즉 대통령 무오류의 인식을 바탕으로 강력하게 추진될 수 있었다.

4) 법 위에 군림하는 행정으로 추진된 4대강사업

4대강사업은 참으로 다양한 법을 위배하면서 추진되었다. 특히 4대강사업을 추진하기 위해 정부는 국회에서 통과된 법안의 취지를 무력화하는 시행령이나 시행규칙 개정을 통해 법치가 지켜지는 것처럼 착시를 일으켰다.

이와 같은 정부 여당의 행태를 막아 국회 입법의 취지를 무력화하는 시행령 등의 입안이나 개정을 제한하려던 국회법 개정이 정부 여당에 의해 무산되기도 했다.[18] 따라서 삼권분립의 민주주

---

18 《시사-N》, 「국회법 3-1항이 어떤 내용이기에 청와대가 발끈하나?」, 2015.

가 정착하기 위해서는 행정부 우월주의(국회, 특히 여당이 대통령의 행동대원이 될 수밖에 없는 제왕적 대통령 발상과 그 행태)의 근절이 우리나라에서 앞으로 해결해야 할 절실한 과제 중의 하나이다.[19]

4대강사업 이전 국가재정법 시행령은 총사업비 500억 원 이상, 국가 재정지원 300억 원 이상의 예산이 들어가는 국가정책 사업의 경우 실효성 없이 예산을 낭비하는 국가정책 사업이 추진되는 것을 방지하기 위해 예비타당성을 조사하도록 규정하고 있다.[20] 따라서 22조 원 이상이 투입되어야 하는 4대강사업은 당연히 예

5.29, http://sisa-n.com/7630?cat=1676&ckattempt=3.

[19] 국민을 주인으로 하는 민주주의가 정착하려면 행정부와 국회의 관계, 즉 대통령과 여당 국회의원의 관계만이 아니라 정당 내 소수 권력자를 중심으로 한 조직폭력배식 상명하달의 계파주의가 타파되어야 한다. 대통령이 국회를 군림하는 듯한 정치행태에 대한 보도를 흔히 볼 수 있다.

[20] 현행 국가재정법이 과거 시행령의 내용이 조정 편입되어 시행령이 근본적으로 달라져 4대강사업을 두고 행한 행정부의 행태를 파악할 흔적이 남아있지 않다. 이에 4대강사업 계획 입안 전후 국가재정법은 다음과 같다. 「국가재정법」, 제38조 (예비타당성조사) ① 기획재정부장관은 대통령령이 정하는 대규모사업에 대한 예산을 편성하기 위하여 미리 예비타당성조사를 실시하여야 한다. 〈개정 2008.2.29〉; 「국가재정법 시행령」, 제13조 (예비타당성조사) ①법 제38조 제1항에서 "대통령령이 정하는 대규모 사업"이란 총사업비가 500억 원 이상이고 국가의 재정지원 규모가 300억 원 이상인 신규 사업으로서 다음 각 호의 어느 하나에 해당하는 사업을 말한다. 다만, 제4호의 사업은 법 제28조에 따라 제출된 중기사업계획서에 의한 재정지출이 500억 원 이상 수반되는 신규 사업을 말한다. 〈개정 2008.2.29, 2008.7.23〉; 현행 국가재정법은 과거 시행령의 내용이 조정 편입됨.

비타당성이 조사됐어야 했다.

그런데 정부는 기본적으로 4대강사업에 대한 예비타당성조사를 회피하기 위한 목적으로 유추되는 국가재정법 시행령을 개정하였다.[21] 정부는 긴급한 재난 예방사업에 대해 예비타당성을 하지 않도록 하는 항목을 삽입하는 국가재정법 시행령 개정을 한 것이다. 이는 시행령이 국무회의만으로 제정과 개정이 되어 국회의 입법 취지를 무력화할 소지가 있다는 문제를 인식하게 한 행정부 행태 중 하나로 기록된 사건이다. 이러한 개정은 긴급하다는 측면에서 어느 정도 타당성이 있을 듯한 개정이기도 하지만 이 개정 규정을 4대강사업에 행정부가 자의적으로 해석하여 무리하게 적용하였다는 데 문제가 있다. 사실 자의적 해석이라기보다는 예산 낭비가 명백한 4대강사업을 전제로 행정부가 시행령을

---

21 현행 국가재정법이 과거 시행령의 내용이 조정 편입되어 시행령이 근본적으로 달라져 4대강사업을 두고 행한 행정부의 행태를 파악할 흔적이 남아있지 않다. 이에 4대강사업 계획 입안 전후 개정 국가재정법 시행령의 내용은 다음을 참조하라. 「국가재정법 시행령」, 제13조 (예비타당성조사) ① 〈중략〉〈개정 2008.2.29, 2008.7.23.〉 1. 건설공사가 포함된 사업 2. 〈생략〉 3. 〈생략〉 ② 제1항에 불구하고 다음 각 호의 어느 하나에 해당하는 사업은 예비타당성조사 대상에서 제외한다. 1. 〈생략〉 2. 〈생략〉 3. 〈생략〉 4. 〈생략〉 5. 그 밖에 재해복구 지원 등 사업추진이 시급하거나, 법령에 의해 설치가 의무화된 필수시설에 해당되는 경우 등과 같이 예비타당성조사의 실익이 없는 사업; 국가재정법 시행령. 제13조 (예비타당성조사) ② 〈중략〉〈개정 2009.3.25〉 1. 〈생략〉 2. 〈생략〉 3. 〈생략〉 4. 〈생략〉 5. 〈생략〉 6. 재해예방·복구 지원, 시설 안전성 확보, 보건·식품 안전 문제 등으로 시급한 추진이 필요한 사업 7. 〈생략〉 8. 〈생략〉 9. 〈생략〉 10. 〈생략〉

개정하였다고 볼 수밖에 없는 상황이었다.

게다가 정부는 개정 시행령이 적용되기 어려운 4대강사업의 일부 사업 내용을 예산 규모가 작은 개별적인 사업들인 것처럼 세부 사업으로 쪼개어 서로 무관한 사업인 것처럼 추진하여 법을 무력화하기도 했다.[22]

우리 사회는 이제까지 헌법에 규정된 입법부와 사법부의 견제와 균형을 무력화해온 제왕적 대통령이라는 발상과 행태가 팽배한 행정부 우월주의 사회였다. 그렇기 때문에 우리 사회는 단지 대통령의 핵심 추진 사업 중 하나라는[23] 사실만으로 사회적 논의 없이 공무원 집단과 기업, 그리고 학자와 전문가들이 맹목적으로 동의, 지지, 추종할 수 있는 사회였다. 법 위에 군림하는 대통령을 발판으로 헌법에 보장된 국회의 입법권과 사업부의 사법권을 무력화하는 행정부의 무소불위 권력이 있기 때문에 4대강사업의 추진이 가능했고, 대통령의 지인에 의한 국정농단까지 가능했을 것이다.

---

22 《조선일보》,「60년 악습, 깜깜이 예산 편성 – 中 – 500억 기준인 타당성 조사 피하려 499억 사업 속출… 나중에 증액」, 2013.7.30, http://news.chosun.com/site/data/html_dir/2013/07/30/2013073000234.html.

23 《머니투데이》,「靑 지역발전비서관 신설..4대강 사업 주력」, 2009.1.21, http://m.mt.co.kr/renew/view.html?no=2009012109062208675&ca=society&dt=classflinkbufl.

3. 탐욕을 가리는 4대강사업 목적의 허구

1) 장밋빛 4대강사업 목적

4대강사업은 다목적댐보다도 더 다목적의 국가정책 사업이었다. 정부가 내세운 주요한 목적에는 4대강의 수재 예방, 4대강의 생태복원, 4대강의 관광사업 육성에 따른 경제발전과 첨단기술의 물 통합관리에 의한 세계 선도 등이 있다.[24] 정부가 내세운 목적만으로 보면 4대강사업은 하지 않을 수 없는 사업이다. 그런데 이 목적들은 과학적 근거가 없는 허구였다.

2) 번지수 틀린 수재 예방대책

2009년 12월 대통령은 〈대통령과의 대화〉라는 대국민 TV 방송 프로그램을 통해 4대강사업은 강원도 강릉에서 발생한 태풍 루사에 의한 수해와 같은 막대한 수재를 예방하기 위한 사업이라고 강변했다. 그러면서 수해는 일어난 데서 또 일어나고, 예방은 하지 않고 복구만 했기 때문에 되풀이되었다며, 이러한 반복적 수해를 근본적으로 막기 위해 예방의 4대강사업을 반드시 해야

---

[24] 국토해양부 4대강 살리기 추진본부, 2009.

한다고 대통령은 강조하였다.[25]

이 담화는 대통령이 수해가 반복적으로 발생되는 취약지역이 있다는 것을 잘 인식하고 있다는 것을 명백히 밝힌 것이다. 그런데 4대강사업은 이미 수재 예방사업이 거의 완료되어 수해가 반복적으로 일어나지도 않는 지역에서 시행되었다.[26] 4대강사업에는 수해가 반복되는 지역에 대한 예방대책은 전혀 포함되지 않았다. 그렇다고, 수해 취약지역에 대한 별도의 근본적인 예방대책도 정부는 내놓은 것이 없었다.

그러면 왜 정부는 소위 수해전문가들을 동원하여 수해 빈발지역을 예로 들면서 수해 예방이 실질적으로 완료된 4대강에서 예방사업이 반드시 추진되어야 하는 것처럼 국민들을 호도했는가.[27] 정부는 국가정책 사업이 국가발전을 위한 애국사업이라고 막연하게 기대하는 국민의 태도에 편승하기 위해 사업이 시행되지 않는 상습 수해지역을 예로 들어 4대강사업이 긴급한 수재 예

---

25 《MBC》, 〈특별 생방송 대통령과의 대화〉, 2009.11.27.
26 대한하천학회, 『이 아름다운 생명의 강을 지킵시다』, 2010; 《미디어오늘》, 「이상훈: 4대강 사업은 정말 홍수 피해를 줄였나」, 2016.12.11, http://m.mediatoday.co.kr/?mod=news&act=articleView&idxno=133715&sc_code=&page=&total=.
27 《여성동아》, 「4대강 살리기 추진본부장 심명필」, 2009.9.22, http://woman.donga.com/List/3/all/12/141238/1; 《음성신문》, 「4대강 사업 필요 심명필 추진 본부장」, 2010.11.29, http://www.usnews.co.kr/news/articleView.html?idxno=21712.

방을 위한 사업인 것처럼 국민이 착각하게 하려 한 것이었다. 다시 말해서 국민들이 가슴 아파하는 강원도 강릉 등 수해 취약지역의 반복적인 수해를 집중적으로 강조함으로써 정부는 수계가 전혀 다른 경기, 경상, 전라, 충청 지역에서 벌이는 4대강사업이 그런 수해를 예방하기 위한 것처럼 국민들이 착각하게 만들려는 것이었다.

이러한 허위논리 만들기는 국민의 세금 낭비를 사전에 방지하고자 국회에서 입법한 국가재정법을 행정부가 무력화하기 위해 국무회의에서 시행령을 순식간에 개정한 것과도 연관되어 있다. 4대강사업이 졸속으로 개정 삽입된 시행령의 긴급재해 예방사업 예외조항에 해당하는 사업인 것처럼 국민을 기만하기 위해 전문가들이 동원된 것으로 보인다.

3) 무료 자생의 자연에서 고비용 죽음의 늪으로

정부는 4대강사업이 진행되는 4대강 본류가 생태적으로 문제가 많고 죽어가고 있는 것처럼 보이도록 외국의 사례까지 우리나라의 예인 것처럼 홍보하는 등 총력을 기울였다.[28] 정부와 일부 인사들은 4대강 본류에 넓게 펼쳐져 있는 백사장을 혈관에 끼인

---

28 《한겨레》,「4대강 사업 동영상 홍보자료 거짓 논란」, 2009.2.4, http://www.hani.co.kr/arti/politics/politics_general/336849.html#csidxc9b0525fc5adb05a6af9e8319693feb.

기름덩어리에 비유하며 막힌 혈관을 뚫어주듯 4대강의 모래를 제거해야 한다고 주장하기까지 하였다.[29]

하지만 드넓게 발달한 우리나라 강의 백사장은 세계에서도 보기 드문 생태적 건강성을 나타내는 자연적인 산물이며 관광자원이기도 하다. 4대강사업 이전에 이미 하얀 모래사장이 있는 우리나라 백색강의 가치가 주장되어 왔다.[30]

강물의 흐름이 활발하면 펄 성분과 유기물은 떠내려가고 무게가 있는 모래 알갱이만이 강의 바닥에 퇴적된다. 물이 스며들어 흘러지나가는 모래알의 표면에는 부착조류 등 미생물이 자라면서 물에 녹아 있는 유기물을 분해하여 물을 정화하는 기능을 발휘한다.[31] 따라서 4대강사업 이전 우리나라 4대강의 모래사장은 혈관을 막는 지방덩어리와 같은 골칫덩어리가 아니라 수질을 정화하여 수서동물이 건강하게 살 수 있게 하는 천혜의 무료 자연 여과지였다.

물이 흐르지 않거나 흐름이 느린 강에는 모래사장이 생길 수 없다. 흐름이 막힌 물은 펄과 유기물이 모래와 함께 퇴적되면서 썩

---

[29] 《한국경제》, 「하혜수: 시론 동맥경화에 걸린 하천들」, 2009.4.30, http://www.hankyung.com/news/app/newsview.php?aid=2009043079781; 환경부, 국토해양부 4대강살리기추진본부, 『4대강의 진실』, 2010.

[30] 우효섭, 「화이트 리버? 그린 리버?」, 《한국수자원학회지》, 41권, 2008, 38~47쪽.

[31] J. David Allan & Marí M. Castillo, *Stream Ecology* 2nd, Springer, 2007, p. 129.

는 펄층이 바닥을 이루어 물속, 특히 바닥의 산소가 고갈되는 물이 될 수밖에 없다.

4대강사업이 진행되면서, 그리고 끝나고 나서 4대강의 바닥은 하수구 바닥과 마찬가지로 시커먼 펄층이 두껍게 형성되었다.[32] 결국 4대강사업의 막바지인 2012년 금강에서는 수십만 마리가 폐사하는 생태적 대재앙이 일어났다.[33] 4대강사업으로 4대강은 악취가 지속적으로 발생되고 수서동물의 주검이 지속적으로 발생되고 있는 죽음의 늪으로 되어 버렸다.

게다가 식수원으로 직접 이용되는 낙동강은 물의 흐름이 멈추면서 독소를 만드는 남조류가[34] 창궐하기 시작하여 주민들의 건강과 생명에도 위협이 되었고,[35] 효과 없는 방지나 제거 대책을

---

[32] 《오마이뉴스》, 「4대강 5년, 낙동강이 썩어가고 있다는 게 증명됐다」, 2017. 7.28, http://www.ohmynews.com/NWS_Web/View/at_pg.aspx?CNTN_CD=A0002230398.

[33] 국립환경과학원, 『2012년 10월 어류 폐사 정밀조사 결과 보고서』, 2013; 정민걸, 「4대강 사업과 금강 물고기 집단폐사의 원인 추정」, 『생명의 강』, 1권, 2012, 67~78쪽; 충청남도 금강 물고기 집단폐사 민관공동조사단, 『2012년 금강 물고기 집단폐사 조사 보고서』, 2013.

[34] California EPA, "Microsystins: a Briff Overview of Their Toxicity and Effects, with Special Reference to Fish, Wildlife, and Livestock," 2009; US EPA, "2015 Drinking Water Health Advisories for Two Cyanobacterial Toxins," 2015.

[35] 《한겨레》, 「낙동강 중상류 녹조, 사상 최악치로 많아졌다」, 2016.8.23, http://www.hani.co.kr/arti/society/environment/758007.html#csidx64e116748a

위해 세금을 흡수하는 골칫덩어리가 되어버렸다.[36]

4) 관광객 없는 관광시설 건설의 불경제

4대강사업을 시작하면서 지역 레저산업과 관광산업 육성으로 지역경제 발전을 이끌 것이라며 정부는 관광객이나 여가를 즐기는 사람들이 넘치는 조감도를 홍보 수단으로 이용하였다. 하지만, 정작 완성된 4대강에는 그런 모습은 보이지 않는다. 물이 멈추어 고인 깊은 물은 죽은 물이다. 따라서 사람의 접근을 막는 경고판만이 물의 흐름이 멈춘 4대강 늪의 여러 곳을 지키고 있다.

인구가 밀집된 곳에 조성된 생태공원은 홍보 등을 위해 비용을 들여 조감도와 유사한 모습을 유지하고 있지만 레저나 관광을 즐기는 사람은 많지가 않다. 이러한 일부 근접지를 제외하고는 생태공원으로 조성된 많은 곳들이 방치되어 갈대나 물억새 등이 무성하게 자란다. 그런데 이것들이 사람의 키보다 더 커 사람이 접근하기에는 생태공원으로 조성된 많은 곳이 무서운 곳으로 되어버렸다. 이러한 상황 때문에 4대강사업에서 조성된 많은 인위적인 생태 공원은 관광자원이 된 것이 아니라 4대강을 주기적으로 관리하기 위해 국민의 세금이 낭비되는 밑 빠진 독이 되었다.[37]

406cb80f33ed919c02800.
36 《경향신문》, 2009.12.18; 《한겨레》, 2016.8.16.
37 《노컷뉴스》, 「4대강 '설거지' 비용만 5년간 21조 원」, 2013.10.1, http://

게다가 쓸모가 없는 4대강사업의 대형보를 유지관리하기 위해 불필요한 시설에 세금과 인력이 낭비되고 있다.

5) 치수와 이수에 역행한 4대강사업

치수와 이수는 고래로부터 국가의 기반이 되는 문제이다. 더구나 우리나라처럼 강우량이 계절적으로 변동이 큰 국가에서는 수리 관리를 잘하는 것은 매우 중대한 일이다. 비가 많이 오는 시기에 수해를 입지 않으면서도 우기의 물을 저장하여 비가 오지 않는 건기에 이용하는 방안을 마련하는 것이 수리의 기본이다.

우기에 인구가 밀집한 지역의 수해를 막기 위해서는 더 높은 곳(상류 지역)에 내린 빗물이 급작스럽게 내려오지 않게 막으면서 그 지역에 내린 빗물은 더 낮은 곳(하류 지역)으로 시급히 내려 보내야 한다. 과거에는 생태를 고려하지 않으며, 사람이 살지 않거나 밀도가 낮은 최상류 지역에 댐을 만들어 상류의 빗물을 가두어 인구가 밀집한 하류 지역을 보호하는 것은 물론 건기에 저장된 물을 하류로 내려 보내 이용하는 방식이 보편적이었다. 다만 이러한 대책에 대해 댐으로 막아 강물의 흐름을 막아 생태적으로 악영향이 생기는 문제에 대한 지적이 최근에 커지며, 많은 나라들에서 복원이 늘어나고 있는 추세이다.

---

m.nocutnews.co.kr/news/1106684.

그런데 4대강사업은 평소에 인구가 밀집한 지역의 강에 대형보를 만들어 물을 가득 채워놓는 것이 핵심 내용이다. 따라서 4대강사업은 우기에 상류에서 내려오는 적은 양의 빗물에도 대형보로 물이 가득한 인구 밀집 혹은 밀집예상 지역에서 쉽게 범람할 수 있도록 4대강을 개조한 것이다. 이러한 범람의 피해를 조금이라도 면하기 위해서는 폭우가 올 것으로 예상되기 직전, 혹은 너무 늦겠지만 비가 올 때 대형보의 수문을 열어 시급히 하류로 내려보내어 대형보로 막힌 늪을 비워놓아야 한다.

그런데 한 대형보 지역의 범람을 예방하기 위해 그 대형보의 수문을 여는 순간 직하류에 있는 다른 대형보 늪은 그곳에 오는 빗물에 직상류에 저장되었다 내려오는 물까지 더해져 범람의 위험이 과거보다 더 커지게 된다. 게다가 대형보가 4대강 줄기를 따라 연속되어 있어 문제가 더욱 심각해진다. 다시 말해 강의 유역 전역에 많은 비가 올 때 계단의 대형보들은 하굿둑으로 막혀 있는 최하류 지역에 심각한 문제를 일으킬 것이다. 특히 8개의 대형보가 가로로 막고 있는 낙동강은 수문을 열 경우 이전보다 최소 6억 톤이 더 많이 저장되어 있던 물이[38] 몰려갈 최하류인 부산이 더욱 큰 위험에 처해진다.

이수에도 역행한 것이 4대강사업이다. 수해를 예방하기 위해 비가 오기 전 수문을 열거나 비가 올 때 수문을 열어 비워놓은 대

---

[38] 국토해양부, 2009.

형보의 늪은 최상류 댐에 저장되어 4대강사업 이전에는 건기에 이용할 수 있었던 물을 비가 온 직후 내려 보내야만 물이 가득한 대형보 늪으로 회복될 수 있다. 또한 수위가 내려갈 수밖에 없는 건기에도 대형보 늪이 수위를 유지하기 위해서는 과거보다 더 많은 물을 최상류 다목적댐에서 방류해야 한다. 다시 말해서 4대강사업으로 개조된 4대강은 건기에 대형보 늪을 가득 채우기 위해 우기 동안 저장한 물을 공연히 하류로 내려 보내 정작 사람이 건기에 이용할 수 있는 물이 줄어들게 만들었다. 요약하면 4대강사업은 가뭄에 더욱 취약하게 만들어 버렸다.

따라서 4대강의 대형보는 우기에 물을 더 저장할 수 없을 뿐만 아니라 최상류의 다목적댐 물의 고갈을 가속한다. 결국 사업 이후 유역 전체에 사람이 이용할 물이 더 부족하게 함으로써 가뭄의 피해를 더 심하게 겪을 수밖에 없게 만든 4대강사업은 이수에도 역행한 사업이다.[39]

---

[39] 《미디어오늘》, 2016.12.11; 《미디어오늘》, 「이상훈: 4대강 사업이 가뭄 피해를 줄였다고?」, 2016.12.18, http://m.mediatoday.co.kr/?mod=news&act=articleView&idxno=133876&sc_code=&page=&total=.

4. 4대강사업을 추진한 탐욕의 생명 경시

1) 탐욕의 시작으로서 화폐

인류의 뛰어난 발명 중 하나가 화폐이다. 화폐는 물물교환의 한계와 물질 저장의 한계를 벗어나게 한 뛰어난 발명이다. 하지만 화폐는 무한한 저장을 꾀하도록 하는 탐욕을 키웠고, 화폐 발행과 관리를 하는 소수가 사회, 더 나아가 기축통화처럼 세계를 지배하는 독점 또는 통제 권력의 탄생이 가능하게 하였다.

사람은 자연에서 나는 물질에 의존해서 살아야 한다. 그런데 자연에서 나는 물질은 그 양에 한계가 있고, 저장 공간과 기간에 한계가 있다. 하지만 자연의 물질을 등가로 환산한 화폐는 발행자의 의지에 따라 양이 무한할 수 있고 영원한 저장이 가능하다. 그나마 금본위제 화폐의 경우 금이라는 한정된 자연 자원의 한계가 어느 정도 지워졌지만 금본위제를 벗어나 발행되는 화폐는 경제 상황을 어느 정도 고려하겠지만 발행자의 의지가 한계이다. 사실 화폐 발행량이 경제에 부담을 주지 않으면서 증가하게 되는 것은 긍정적인 경제성장이지만, 이러한 화폐는 무한 경제성장의 꿈을 꾸게 한다.

생물 본성적인 인간 탐욕의 본래적 속성은 무한을 추구할지라도 양과 지속 기간 측면에서 유한한 자연 물질의 속성과 인간 능력의 신체적 한계로 탐욕은 유한할 수밖에 없었다. 그런데 이러한 탐욕의 자연적인 한계가 화폐의 발명에 의해 무너지기 시작한 것이다. 어느 한 개인이나 집단이 무한하게 화폐, 즉 부를 저장할 수 있게 되면서 잠재적 인간의 무한 탐욕이 현실의 무한 탐욕으로 실체화하게 되었다.

2) 탐욕의 자연 훼손 추구

인간 기술의 발달은 인간의 신체적 한계를 뛰어넘어 무한을 추구하게 만들고 있다. 인간 노동에만 의존하던 농업은 가축 농업을 통해 더 적은 노동을 투입하여 더 많은 생산을 하게 되었다. 기계 농업으로 전환된 후에는 훨씬 더 적은 노동을 투입하여 훨씬 더 많은 생산을 하게 되었다. 그 결과 잉여의 노동은 기술 개발에 투입되고 다른 산업의 발달을 가능하게 했다.

이러한 기술 개발에 따른 새로운 산업 발달은 더욱더 다양해진 상품과 용역이 교환되는 경제성장이라는 화폐 발행의 증가로 나타난다. 물론 긍정적인 화폐 발행의 증가는 교환량의 증가와 결부된 소비 능력의 증가가 물가 상승을 상위할 때 성취될 수 있다. 이러한 경제성장에 따른 자본의 증가, 즉 화폐 발행의 증가는 인간 사회를 새로운 기술의 개발로 이어질 수 있으며, 무한 순환의 경제성장을 꿈꾸는 사회의 기반이 된다.

기술 개발은 새로운 기술에 따른 새로운 변형이나 기존 기술의 새로운 적용에 따른 새로운 변형을 뜻한다. 기술 개발의 새로운 변형은 교환 증가에 따른 GDP 증가라는 단순한 형식적 경제성장을 이룰 수 있다. 하지만 잘못된 새로운 변형은 불필요한 비용을 유발함으로써 궁극적으로는 경제성장에 저해 요소로 작용한다. 잘못된 기술 개발은 장기적인 교환 증가와 경제성장이라는 순환 고리를 단절하거나 왜곡한다. 다시 말해서 국가적 소비 능력, 즉 재투자 여력이 그릇된 기술개발에 의해 감소된다.

 이러한 대표적인 그릇된 기술 적용의 예 중 하나가 국가정책 사업으로 진행된 4대강사업이다. 4대강사업 이후 정부의 능력 문제도 있겠지만 4대강사업이 만든 이러한 왜곡이 우리나라 경제에 부정적 영향을 끼친 큰 요인 중 하나일 것이다.

 세계적인 경제 위기에 직면한 정부는 이를 극복하는 국가정책을 펼쳐야 할 의무가 있다. 그런데 정상의 기존 경제 틀에서 경제성장의 동인을 마련할 자신이 없는 정부는 기형의 정책을 펼칠 우려가 있다. 외형적으로는 그러한 정부가 택한 경제 위기 극복의 일환이 기존 경제 틀에 포함되지 않았던 4대강의 자연 변형, 즉 개조였을 수 있다.

 경제적 실효 없이 자연의 생태만을 파괴하기 위해 국민의 세금을 낭비하는 4대강사업을 추진한다는 비판에 직면한 정부는 앞에서 살펴본 바와 같이 과학적 근거가 없는 목적을 내세우며, 많은 전문가들을 앞세워 불합리한 논리의 주장으로 국민을 호도하였다.

 이들의 주장에는 수해 빈발 지역과 수해 예방대책 지역의 괴리를 교묘하게 연결하여 4대강사업이 반복되는 수해를 예방하기 위한 사업으로 착각하게 만들려는 시도뿐만 아니라, 동서고금의 진리인 '고인 물은 썩는다'는 지적에 대해 저수지에 담긴 물이 많아지면 물이 맑아진다는 과학적 근거가 없는 주장까지 포함되어 있었다.

4대강사업의 경우 왜 수많은 사람들이 소극적으로가 아니라 적극적으로 이러한 주장에 참여하였는가. 경제적 효용이 있든 없든 기술 개발, 즉 기술을 적용하여 새로운 변형을 만드는 과정에는 비용이 든다. 비용이 든다는 말은 누군가에게는 수입이 생긴다는 말이다. 다시 말해서 4대강사업에 직접 참여하는 사람들은 국민의 세금으로 투입한 비용을 자신들의 수입으로 전환하였다.[40] 문제는 그것이 지속적인 경제순환의 고리 밖에 있게 되고 단지 수익을 창출한 사람들의 화폐, 즉 부를 증가하게 할 뿐이라는 것이다. 이러한 맥락에서 자연을 훼손하는 4대강사업이 참여자들의 이득을 위해 무모하게 추진된 측면이 있었다.

3) 탐욕의 생명 경시

자연을 인위적인 구조로 개조함으로써 부를 창출한다는 부국환

---

[40] 정민걸, 「얼(철학) 없는 환경교육의 환경철학적 과제: 4대강 사업을 중심으로」, 《환경철학》, 16집, 2013, 109~130쪽.

경의 주장은[41] 형식적으로 볼 때 국민들이 환영할 만한 표현이기는 하다. 하지만 개조된 인위적인 구조가 국가 경제의 순환에 부담이 되는 밑 빠진 독이라는 사실을 반영하면 그러한 주장은 부국환경이 아닌 망국 환경인 것이다. 22조 원 이상의 국민 부담이 투입된 4대강사업을[42] 후속하는 경제 효과는 실질적으로 나타나지 않고 매년 증가된 지속적인 국민 부담만 남겨놓았다.

4대강사업은 멸종위기종과 천연기념물들을 몰살하면서 전국 모든 4대강의 자연을 제한된 원예작물들이 심겨진 동일한 모습으로 개조하는 토목공사였고,[43] 하천변을 인간을 위한 놀이터와 산책로로 조성하기 위해 자연의 생태계를 없애버린 토목공사였다.

---

41 박석순, 『부국환경담론: 부강한 나라가 환경을 지킨다』, 사다리, 2007.
42 국민의 세금이 적게 들어가는 것처럼 호도하기 위해 한국수자원공사가 8조 원을 투자하는 것처럼 하였다. 그런데 투자를 하지 않기로 결정을 한 한국수자원공사에게 강제로 투자하게 하면서 이자는 정부가 부담하는 이면 계약을 맺었으며, 8조 원의 원금조차 국민의 세금으로 직접 또는 수도요금 등에 전가하여 갚아야 하는 바지대출의 전형적인 예를 4대강사업은 보여준다. 4대강사업으로 수용되는 하천부지나 농지에 대한 보상은 4대강사업 예산이 아닌 농지보상예산으로 처리하고, 4대강사업과 관련된 여러 연구 등의 비용도 별도의 국가 연구 예산으로 처리함으로써 공식적인 4대강사업 예산을 겉보기로 대폭 줄였다.
43 정부가 긴급히 마련한 복원 안내 책자가 4대강 생태복원에 관련된 중요한 식물이 100종 이상 자생하고 있는데 겨우 30여 품목만 식재용으로 적용할 수 있다고 자상하게 안내하였는데, 이는 4대강의 자생식생을 모두 제거한 후 식재하면 약 70%의 자생종이 사라질 것이라는 것을 경고하는 것으로 보아야 한다. 농촌진흥청, 『4대강 생태복원을 위한 자생식물 식재 가이드북』, 2009, 11쪽.

이러한 4대강사업에서 고의였든 아니든, 적극적 의도가 있었든 없었든 사업에 참여한 사람들은 이득을 얻었다.

4대강사업이 진행되면서 반복적으로 수서동물들이 떼죽음을 했고, 4대강사업이 준공될 무렵인 2012년 말 금강의 대형보 늪에서는 수십만 마리의 물고기가 떼로 죽었다.[44] 이후 4대강은 유수성 수서생물이 살기 어려운 곳으로 변질되어 수서동물의 주검이 수시로 떠오르는 죽음의 늪이 되었다.[45]

4대강사업으로 4대강의 자연 생태계는 사라지고 인위적인 조성지만 남아 버렸다. 조성된 시설 대부분은 이용하는 사람이 거의 없고, 갇힌 물의 수질과 4대강의 생태는 점점 더 심각하게 변질되고 있다.

이러한 무용의 시설을 유지하고, 대형보가 유지되는 한 해결 불가능한 수질이나 생태 악화를 예방하고 복구한다며 국민은 무의미하게 비용만 영구적으로 부담하게 되었다. 4대강을 인위적으로 개조한 4대강사업은 지속적으로 소수에게 부를 이전하며 국민에게 경제적 편익을 주기는커녕 소비 능력을 떨어뜨리는 장치를 마련한 것이다. 결국 자연 생태계의 순환만이 아니라 생산적 재투

---

[44] 국립환경과학원, 2013; 정민걸, 67~78쪽; 충청남도 금강 물고기 집단폐사 민관공동조사단, 2013.

[45] 《한겨레》, 「한겨울 낙동강 물고기 이례적 떼죽음」, 2016.2.15, http://www.hani.co.kr/arti/society/environment/730286.html#csidx261ba46408d2f9a88a16b0e038094e6.

자에 의한 경제순환의 고리까지 왜곡한 것이 4대강사업이다.

요약하면 4대강사업은 소수가 화폐 축적으로 이익을 보는 동안 멸종까지 포함하여 생명을 단순하게 조작해도 되는 수단으로만 여긴 대표적인 생명 경시 사업의 하나이다.

4) 양극화의 근본 원인으로서 탐욕

흔히들 '부자 되세요'라든지 '모두 부자 되세요'라는 덕담을 한다. 하지만 이는 실현될 수 없는 듣기 좋은 말이다. 실질적으로 부자라는 단어는 가난한 자가 있을 때만 의미가 있는 상대적인 단어이기 때문이다. 다른 사람과 비교하여 더 많은 돈이 있는 사람이 부자이다. 아마도 이러한 덕담은 모두가 다 잘살기를 바라는 염원을 담은 것일 것이다. 이 덕담에는 모두가 차별 없이 사람으로서 존중 받을 만한 삶을 누리기 바라는 소망이 담겨 있는 것이다.

그런데 현실에서는 한 사회의 부가 모두에게 균등하게 분배되지 않는다. 귀천이 없다는 직업도 시간당 임금이 다르고 노동 조건이 다르다. 그 결과 사회 구성원 각자가 축적할 수 있는 화폐의 양, 즉 부가 달라진다. 거의 모두가 의사나 판·검사가 되기 위해 달려가는 사회의 일그러진 모습이 그것을 반영하는 것이다.

설령 같은 상품이나 용역을 거래하는 경우도 사기성이 관여되든 않든 거래 기술이나 능력에 따라 화폐의 이동 정도가 달라진다. 비록 거시경제학의 시장에서는 구성원 모두가 같은 가격에 거래에 참여하는 것을 전제로 하지만, 현실의 시장에서는 동일 상품이나 용역에 대해 개별 거래마다 가격이 다를 수 있다.[46]

따라서 자신이 선택한 생활방식과 윤리의식 등에 따라 화폐를 축적하는 방식과 정도가 달라진다. 만일 타자의 이해에 관심을 두지 않고 자신의 이해에만 초점을 두면 자신이 화폐를 축적할 수 있는 모든 수단은 정당성이 있는 것으로 간주될 수 있다. 설령 그 수단이 타자에게 손실을 끼치더라도 그런 사실에 관심을 둘 필요가 없다면, 자신의 이해에만 초점이 맞추어진 수단은 정당하게 여겨질 것이다.

이렇게 타자의 손실에 눈을 감게 하는 도덕 불감증을 유발하는 가장 강력한 방편은 국가정책 사업 등 공적 사업에 기여한다는 구실을 만드는 것이다. 국가가 정책 등으로 추진하는 사업은 무조건 국가발전을 위하는 애국사업이라는 그릇된 태도와 결합되면서 유발된 도덕 불감증이 공적 사업을 강력한 사적 탐욕의 수단으로 이용할 수 있게 한다. 이러한 수단의 대표적인 예 중 하나

---

[46] 재래시장의 몰락에 대한 해설이 대부분 시설이나 부대 용역의 차이 등에 초점이 맞추어진다. 하지만 소비자 각자가 능력껏 다른 가격에 구입할 수 있거나 혹은 다른 양의 덤을 얻을 수 있다는 것도 재래시장 몰락의 주요한 요인 중 하나일 것이다. 대형마트에 가면 불필요한 개별 거래 기술이 필요 없다. 대형마트에서는 누구나 같은 가격에 같은 덤을 얻을 수 있어 심리적인 압박을 받지 않는다. 거래에 심리적인 압박이 없다는 것이 대형마트 인근에 조금 더 간편하게 누구나 똑같이 비싼 가격에 사는 편의점이 존속하는 이유이기도 하다.

가 이제까지 살펴본 4대강사업이다.

 국가정책 사업으로 인한 국민의 부담은 현실적으로 국민이 좀처럼 인식하기가 어렵다. 예를 들어 4대강사업의 공식 예산인 22조 원은 5천만 국민 1인당 44만 원의 부담이고 4인 가족 기준 176만 원이라는 것을 국민들은 잘 인식하지 못한다. 또한 4대강사업 자체나 이로 인한 후속의 사업을 위한 부담은 4대강사업을 특정하지 않고 일반적으로 납부한 세금이나 한국수자원공사가 더 징수할 수도요금이나 환경부가 더 징수할 물이용부담금 등에서 지출되는 등 국가 기관을 통한 일종의 돈세탁 과정을 겪는다. 그렇기 때문에 전체 국민의 막대한 비용이 선택된 소수에게로 이전된다는 것을 국민들은 잘 인식하지 못한다.

 결국 4대강사업을 대표로 하는 크고 작은 많은 사적 탐욕의 국가정책이나 공적 사업들이 애국충정을 내세우며 유발한 도덕 불감증은 도의적 면죄부로 작동되어 왔다. 이렇게 유발된 도덕 불감증과 의도적이든 아니든 선택된 소수의 탐욕이 결합하면서 국가의 경제순환이 왜곡되고 부가 한쪽으로 편중되는 양극화가 가속되고 극심해지고 있다. 극단적인 예로 대통령의 지인이라는 한 개인이나 소수 무리들이 국정을 빌미로 국민이 납부한 세금이나 공적 기금으로 탐욕을 채우는 일까지 벌어진 것이다.

5. 생태 평등 실현의 경제 장치

1) 무심의 공존

〈동물의 왕국〉 등 야생 다큐멘터리에서 사자와 같은 포식자와 얼룩말 같은 피식자가 한 공간에서 여유롭게 거닐고 있는 것을 종종 볼 수 있다. 그러다가 포식자의 살기를 느끼는 순간 피식자들이 도주를 하거나 숨기 시작한다. 하지만 한 마리가 포식자에게 잡힌 후 피식자들은 다시 평온을 찾고 거닐며 포식자와 피식자가 공존을 다시 시작한다.

피식자들은 무리 중 한 마리가 희생양이 되는 순간 포식자가 더는 자신들을 쫓지 않을 것이라는 것을 알거나 느끼는 것으로 보인다. 언젠가는 다시 공격할 것을 알지만 포식자가 접근할 수 없는 공간으로 자신들이 피할 방법이 없는 것을 아는 피식자들이 짐짓 포식자의 존재를 외면하는 것인지도 모른다. 한 마리를 잡은 포식자도 더 잡기 위해서 공연한 노력을 하지 않는다. 포식 자체가 힘이 들기도 하지만 더 잡아도 보관할 수 없기 때문이다. 이들은 자신들의 신체적, 물리적 한계, 즉 모자람 때문에 서로의 존재에 대해 관심을 끊어버리는 공존을 한다. 다시 말해서 자연의 생명들은 모자람의 지혜(frugal wisdom)로 무심의 공존(disinterested coexistence)을 하는 것이다.[47]

모자람의 지혜에서 온 무심의 공존은 무당벌레와 진딧물에서도 잘 관찰된다.[48] 제한된 시력과 더듬이 때문에 무당벌레는 한 그루에 있는 진딧물을 박멸하지 않고 일찌감치 더 많은 진딧물이 있는 다른 그루로 날아가고, 남겨진 진딧물은 다시 번성하여 후에 방문하는 다른 무당벌레에게 다시 잔치를 베풀 수 있게 되는 공존을 보여준다.

자연에서 관찰되는 모자람을 바탕으로 하는 이러한 무심의 공존은 첨단의 기술을 개발하여 최후의 한 마리까지 색출해 내어 멸살함으로써 미래를 없애는 인간이 보여주는 지나침의 무지(indulgent ignorance)와 대조가 된다.

2) 생태 평등의 조건

자연에서 다양한 관계의 생물들이 무심하게 공존하는 것은 한편으로는 그들이 평등한 관계에 놓여 있는 것을 말해준다. 포식자도 피식자를 압도할 능력이 없고, 피식자도 포식자를 완벽하게 벗어날 능력이 없다. 따라서 포식행위 그 자체가 일어나는 찰나를 제외하고는 서로의 존재에 무심한 듯 공존하는 것이다.

포식자는 극도로 배가 고플 때를 제외하고는 피식자를 피식자

---

47 정민걸, 『이해하는 생태학: 자연과 사람의 본성을 찾아서』, 공주대학교출판부, 2005, 53쪽; 정민걸, 「환경갈등에 대한 철학적 반성을 통한 자아실현」, 《생명연구》, 18집, 2010.

48 정민걸, 2005, 46쪽.

로 인지하기를 외면하고, 피식자는 포식자가 포식행위를 하기 직전까지는 포식자를 포식자로 인지하기를 부정 또는 외면함으로써 스트레스를 받지 않고 한 공간에서 공존하는 것이다. 다시 말해서 일상적으로 그들은 서로를 관계자로 인식하기를 외면함으로써 지배–피지배의 관계가 소멸된 상태로 무심하게 공존하는 것이다.

자연 생태계에서 관찰되는 무심의 공존은 한 존재가 다른 존재에게 지배의 대상이나 이익을 추출당할 대상으로 인식되지 않을 때 지속된다.[49]

그런데 화폐 발행으로 탐욕의 한계를 벗어난 인간은 모든 관계에서 지배하거나 이익을 추출하려 한다. 화폐가 일상이 되고 축적이 되면서 사람들은 지배–피지배 관계도 화폐의 틀에서 바라보기 시작한다. 결국 모든 관계는 무한 저장이 가능한 화폐의 축적에서 유·불리의 관계로 변질된다. 탐욕은 관계를 통해 더 많은 화폐를 축적하기를 원하게 만든다.

화폐를 지불하고 노동을 고용한다는 마치 가치중립인 듯한 표현은 사실 화폐가치만큼 타자를 지배한다는 것을 미화한 것에 지나지 않는다. 결국 더 많은 지배를 위해 더 많은 화폐를 축적하려는 욕구가 커진다.

---

[49] 철학적 접근에서 생태계와 생태에 대한 개념에 대한 논의는 다음을 참조하라. 정민걸, 「환경철학에서 생태적 접근의 한계」, 《환경철학》, 6집, 2007, 217~247쪽.

탐욕의 세계에서는 정치권력조차 화폐를 축적하는 수단으로 전락한다. 우리는 이런 전락의 예를 4대강사업과 비선실세의 국정농단에서 목격하였다. 소수 개인의 화폐 축적과 결부된 정치권력은 양극화를 촉진하고 심화한다. 양극화의 세계에서는 사람들은 관계의 대상에 무심할 수 없다. 화폐가치가 없는 대상은 존재할 필요가 없어진다. 이런 사회는 화폐 축적에 방해되는 경우 묻어버린다는 말을 아무 거리낌 없이 이야기하는 사회가 될 수 있다.[50] 양극화의 세계는 평등 관계가 존재할 수 없다. 기울어진 축을 따라 지배와 피지배의 관계가 상존한다.

인간의 존엄은 타자를 대등한 존재로 인식하는 평등에서 나오는 고귀함이다. 여기서 대등하다는 것은 지배력이 같다는 의미가 아니다. 이해관계나 지배관계에 무관하게 함께하는 존재가 대등한 존재이다. 타자를 지배할 수 있기 때문에, 혹은 화폐 축적의 수단으로 삼을 수 있기 때문에 공존의 가치가 있는 것으로 보는 탐욕의 측면이 사라질 때 인간은 존엄한 존재로서 서로 공존할 수 있다. 단지 인간이기 때문에 함께 하는 공존, 즉 이해관계를 떠난 무심의 공존은 진정한 평등을 전제할 때 가능하다.

자연 생태계에서 모자람의 지혜에 바탕을 둔 무심의 공존으로 관찰되는 생태 평등과 유사한, 이해관계 속에서 타인을 인식하는

---

[50] 《노컷뉴스》, 「묻어버린다 포레카 협박 육성파일 공개」, 2017.1.11, http://www.nocutnews.co.kr/news/4715651#csidx611dc694095a768a8e509104c8f1eba.

것이 아닌 공존의 생태 평등이 인간 사회에서 가능하기 위해서는 화폐를 매개로 하는 지배-피지배의 관계로 전환될 수 있는 부의 불평등이 해소되어야 한다. 불평등 해소의 한 방안으로 화폐 축적의 불평등이 사람이기를 포기하게 만들지 못하게 할 최소한의 하한선이 있어야 한다. 다시 말해서 인간 존엄이 바탕이 되는 생태적으로 평등한 인간 사회를 구현하기 위해서는 어느 한쪽이 다른 한쪽을 철저히 유린하지 않게 할 모자람으로 작동할 장치가 필요하다.

3) 생태적 기회균등 장치 중 하나로서 기본소득

피식자인 얼룩말이 포식자인 사자의 존재에 무심할 수 있는 이유는 포식자의 모자람이다. 모자람의 실체는 포식자가 식욕을 채우기 위해 지속적으로 피식자를 잡지 못한다는 사실이다. 포식 행위가 간단하지 않기 때문이다. 피식자인 얼룩말이 쉽게 잡을 수 있게 가만히 있는 것이 아니라 사력을 다해 달아난다. 포식자인 사자가 달아나는 얼룩말을 쫓는 것이 쉬운 일이 아니다. 또한 방어하는 얼룩말의 뒷발에 차이면 포식자가 뼈가 깨지고 죽음에 이룰 수도 있다. 게다가 먹어치울 수 없을 만큼 과다하게 잡아놓은 얼룩말은 부패하지 않게 저장될 수 없다. 따라서 자연에서는 모자람이라는 안전장치가 있어서 포식자와 피식자는 짧은 찰나를 제외하고는 무심하게 공존할 수가 있다.

화폐가 지배하는 인간 사회에서 사람들이 무심의 공존을 하도록 하기 위해서는 자연의 모자람과 같은 기능을 할 제도적 장치가 필요하다. 화폐 축적의 편중에 따른 차별이 지배로 전환되지 않도록 함으로써 자유롭게 활동할 수 있게 하는 하한선을 보장하는 경제 장치가 필요하다.

이러한 정도까지의 이념을 추구하는 것은 아니지만 이와 관련된 기초생활보장, 최저임금, 노령연금 등등 다양한 제도가 도입되어 있다. 비록 이것들이 사람이 사람답게 살 수 있게 하는 데 어느 정도 기여하기는 하지만 이것들은 그 수준이 너무 낮거나 사각지대가 너무 많다. 또한 실행을 위해 수집하고 판단해야 할 것들이 너무 복잡하다. 무엇보다도 대상을 구별하는 데 문제가 많다.

만일 사람이 타자에게서 지불되는 화폐에 구애되지 않고 스스로 판단하고 결정한 방식으로 사람답게 살 수 있도록 보장된다면 화폐 축적의 편중에 따른 지배-피지배 관계가 보편적이지는 않게 될 것이다. 최소한, 먹고 살기 위해서라는 구실을 내세울 수는 없는 세상이 될 것이다. 그렇게 할 수 있는 경제 장치가 마련된 사회에서는 '시민이 먹고 살기 위해서 어쩔 수 없이'라는 변명은 하지 못할 것이다.

기본소득(basic income)이 이러한 경제 장치 중의 하나로 논의될 수 있다. 기본소득은 소득이나 다른 어떠한 조건에도 구애됨이 없이 무조건적으로 모두 시민에게 동일하게 지급되는 소득을 말한다.⁵¹ 사람이 사람답게 살 수 있는 기본적인 수준의 소득이 주어진다면 사람은 타자에게 구속되지 않고 좀 더 자유롭게 사고하고 행동할 수 있게 될 것이다.

지급되는 기본소득의 수준은 외부에서 유입되는 재원이 없다면 그 사회의 경제수준이나 생활수준과 연관되어질 수밖에 없을 것이다. 양극화를 심화하고자 하는 소수의 갈증을 채우려는 것이 아니라면 우리나라와 같이 국민 모두를 부양하고도 남을 만큼 충분한 국가의 부가 있는 경우는 재원을 마련하는 합리적이고 적정한 방안을 도출할 수 있다.⁵² 이러한 재원을 바탕으로 하는 기본소득은 경제성장 측면의 국가발전은 물론 시민이 공존의 구성원으로 존중 받는 생태적 평등이 보장되는 사회로 가는 데 기여하는 장치 중 하나로 깊이 논의될 가치가 있다. 이를 위해 단순하게 국민의 조세부담을 늘려 재원을 마련하는 방식에 매몰되지 않은 폭넓은 논의가 필요하다.

다만, 기본소득도 다른 복지제도들과 마찬가지로 기본소득 또는 복지급여의 수혜자가 성실하게 경제활동에 임하지 않게 하는 동인이 될 수 있다. 따라서 재원 마련 방안과 급여 수준 등에 대해

---

51 강남훈·곽노완·안현효·임경석·서정희·조광자·이명현·권정임·심광현·김미정·김원태, 『기본소득의 쟁점과 대안사회』, 박종철출판사, 2014; Malcome Torry, *The Feasibility of Citizen's Income*, Palgrave Macmillan, 2016.
52 종이화폐를 발행하지 않는 비용을 복지재원으로 제안하기도 한다. Kenneth S. Rogoff, *The Curse of Cash*, Princeton University Press, 2016, pp. 2~3.

좀 더 신중하고 활발한 논의도 필요하다.

4) 기본소득은 순환 경제성장의 원동력

기본소득은 모든 국민에게 일정 수준의 소비 능력을 보장함으로써 경제성장의 원동력이 될 수 있다. 기본소득으로 소비가 보장된 생산은 기본소득이라는 소비 능력 자체뿐만 아니라 생산 재투자 여력의 증가를 초래하며 순환 경제성장 사회를 이루는 한 방편으로 논의될 수 있다.

한편 고용 없는 성장이 일반 상식이 되어버린 상황에서 미래 사회는 과거와 같이 단순히 생산(제조) 등을 위한 고용 위주로 소비를 유지하는 것은 불가능하다. 따라서 과거와 같은 고용 방식, 즉 과거의 직업만으로 국민의 소비 능력을 보장하는 것은 불가능해질 것이다.

이미 인류 사회는 자신의 수렵·채취에 의존하는 사회에서 타자의 수렵·채취, 즉 농업, 수산업, 임업 등의 1차 산업 사회로, 다시 1차 산업의 산물을 가공하는 경·중공업 제조의 2차 산업 사회로 변했다. 이후 인류 사회는 생산과 소비에 부수되던 도소매, 운송, 통신, 금융, 자문 등 여러 분야가 부가가치 창출에 더 중요해진 3차 산업 사회로 변했다. 화폐를 매개로 화폐의 축적이라는 부를 늘려나가는 방식이 점점 더 정교해진 것이다. 아니 인류 사회는 재주 부리는 곰보다는 돈 챙기는 왕서방이 더욱더 중요해지는 사회로 변해 온 것이다.

수렵·채취의 대상, 즉 1차 산업의 산물은 생존에 필수 불가결하지만 화폐로 평가되는 부가가치 측면에서는 경시되고, 용역이라는 무형의 산물을 창출하여 화폐를 순환하게 하는 것에 가치를 더 두는 사회로 인류는 달려 왔다. 이제는 우리 사회가 더 나아가 화폐 흐름을 다루는 일에 더 가치를 두는 사회가 된 금전만능의 사회가 되었다. 급기야는 정치권력조차 사적 탐욕을 채우기 위해 사유화의 대상이 되어 버린 현상들이 4대강사업 추진이나 비선실세의 국정 농단 등 곳곳에서 목격된다.

이러한 문제는 1차, 2차 산업 산물의 유한성을 벗어나 무한의 화폐 축적을 바라는 인간의 탐욕이 발행에 무한성이 있는 화폐 자체를 거래 대상의 산물로 바꾸면서 발생한 것이다. 이 과정에서 화폐의 흐름을 이용한 화폐 축적에서 대다수는 소외되고 소수가 큰 몫을 차지하는 방향으로 사회가 흘러가고 있다.

이러한 부작용을 억제하고 지속 가능한 조화로운 공동체를 유지하기 위해서 우리 사회는 전혀 다른 방향의 경제사회 구조를 모색해야 한다. 1차와 2차 산업의 유한성을 벗어난 3차 산업조차 한계에 도달하자 4차 산업이니 5차 산업이니 하면서 3차 산업을 세분하여 또 다른 부가가치 창출을 도모하는 것은 양극화를 심화하며 더욱더 커다란 부작용을 초래할 가능성이 있다.

미래 사회는 국가 또는 지방자치단체가 공동체의 구성원인 시민에게 기본소득을 지급하는 일종의 고용을 제공함으로써 화폐에 기반을 둔 불평등을 완화하면서 기존 산업에 내재된 고용 유한성, 더 나아가 고용 축소성의 한계를 뛰어넘을 때 지속 가능한 경제순환이 가능하게 될 것이다.

6. 함께하는 세상을 위하여

물질의 유한성을 극복하는 화폐 중심의 경제구조가 인류에게 부의 축적과 기술발달 등으로 인위적인 쾌락을 탐닉할 수 있게 해주었다. 하지만 화폐 축적의 무한성과 화폐에 굴종된 사람들이 늘어나면서 무한 탐욕의 늪에 빠져 들어가는 현상이 세계 도처에서 일어났고 진행되고 있다. 많은 경제 위기가 그러했겠지만 부동산 버블 붕괴에서 시작된 2008년 세계 경제 위기도 무한 탐욕의 결과이다.

최근 우리나라에서 장밋빛 허구를 내세웠지만 4대강의 생태계를 파괴하고 국민에게 영구의 부담만 안긴 4대강사업의 추진이나 국가발전의 미명하에 추진된 비선 실세에 의한 국정 농단의 발생 등도 무한 탐욕의 늪에 빠진 사회의 어두운 일면을 보여준 것이다.

이러한 탐욕의 늪에서 벗어나는 방편의 하나로 기본소득을 생각해 볼 수 있다. 국가가 시민 모두에게 조건 없이 일정의 소득을 제공함으로써 시민들이 사람답게 살 수 있는 기본 바탕을 구축

하는 경제사회 구조를 확립할 수 있는 한 방편으로 논의될 필요가 있다. 경제성장은 소수의 탐욕을 채우기 위한 수단이 됨으로써 양극화를 심화한다는 부정 이미지에서 기본소득 등을 포함한 다양한 경제 장치를 통해 모두를 행복하게 한다는 긍정 이미지로 바뀌어야 한다.

기본소득은 시민 한 사람 한 사람 공동체의 구성원이라는 자긍심을 심어주며, 서로가 이해관계를 벗어나 함께 살아가는 존재로 인식하게 하는, 생태 평등을 바탕으로 하는 무심의 공존이 가능하게 할 것이다. 또한 기본소득은 시민 각자가 적극적으로 공동체에 참여하게 함으로써, 소수가 국가 정치권력을 사유화하는 것을 방지하는 것은 물론 무한 탐욕의 늪에 빠져들 동인이 사라지게 할 것이다.

다만 기본소득의 재정을 마련하는 현실적인 방안에 대해 공론화하고, 시간을 두고 숙고하며 사회적 합의를 도출하는 것이 우선되어야 할 것이다. 재분배 촉진이나 생태자원과 관련된 조세정책도 어느 정도 재정 마련에 기여할 수 있겠지만, 사람답게 살 수 있게 하는 수준의 기본소득을 위한 재원으로는 한계가 있다. 조세정책 의존에서 벗어나 현 경제 틀 속에서 재원을 확보할 수 있는 다양한 방안에 대해 논의해야 할 필요가 있다.[53] 기본소득이든 다른 대안 경제 장치든, 특정 정치세력이나 대통령의 한정된 임

---

53 Kenneth S. Rogoff, 2016. pp. 2~3.

기 등에 얽매이지 않은 논의가 필요하다. 이때 아직 오지 않은 미래 세대를 위한 준비를 하는 자세로 논의에 임해야 할 필요가 있다.

　비운 마음으로 타자가 함께 살아가는 구성원으로 무의식 속에 수용되는 무심의 공존이 이루어질 때 무한 탐욕에서 벗어나 인간 존엄성을 지키는 생태 평등의 사회가 실현될 수 있을 것이다.

■ 참고문헌

강남훈·곽노완·안현효·임경석·서정희·조광자·이명현·권정임·심광현·김미정·김원태, 『기본소득의 쟁점과 대안사회』, 박종철출판사, 2014.

국립환경과학원, 「2012년 10월 어류 폐사 정밀조사 결과 보고서」, 2013.

국토해양부, 「금강 살리기 사업 환경영향평가서」; 「낙동강 살리기 사업 환경영향평가서」; 「영산강 살리기 사업 환경영향평가서」; 「한강 살리기 사업 환경영향평가서」, 2009.

국토해양부 4대강살리기추진본부, 『4대강 살리기 마스터플랜』, 2009.

농촌진흥청, 『4대강 생태복원을 위한 자생식물 식재 가이드북』, 2009.

대한하천학회, 『이 아름다운 생명의 강을 지킵시다』, 2010.

박석순, 『부국환경담론: 부강한 나라가 환경을 지킨다』, 사닥다리, 2007.

우효섭, 「화이트 리버? 그린 리버?」, 《한국수자원학회지》, 41권, 2008.

정민걸, 「환경철학에서 생태적 접근의 한계」, 《환경철학》, 6집, 2007, 217-247쪽.

정민걸, 『이해하는 생태학: 자연과 사람의 본성을 찾아서』, 공주대학교출판부, 2005.

정민걸, 「환경갈등에 대한 철학적 반성을 통한 자아실현」, 《생명연구》, 18집, 2010, 145~182쪽.

정민걸, 「4대강 사업과 금강 물고기 집단폐사의 원인 추정」, 『생명의 강』, 1권, 2012, 67~78쪽.

정민걸, 「얼(철학) 없는 환경교육의 환경철학적 과제: 4대강 사업을 중심으로」, 《환경철학》, 16집, 2013, 109~130쪽.

충청남도 금강 물고기 집단폐사 민관공동조사단, 『2012년 금강 물고기 집단폐사 조사 보고서』, 2013.

최병성, 『강은 살아있다: 4대강 사업의 진실과 거짓』, 황소걸음, 2010.

최석범, 『4대강 X파일: 물 부족 국가에 대한 감춰진 진실』, 호미, 2011.

환경부, 국토해양부 4대강살리기추진본부, 『4대강의 진실』, 2010.

California EPA, "Microsystins: a Briff Overview of Their Toxicity and Effects, with Special Reference to Fish, Wildlife, and Livestock," 2009.

Christian Doppstadt / Youngjin Choi, "Impact of Artificial Waterways on the Local Economy: Some Lessons from the German Experience," 《한독사회과학논총》, 18권(2호), 261~280쪽.

J. David Allan / Marí M. Castillo, *Stream Ecology* 2nd, Springer, 2007.

Kenneth S. Rogoff, *The Curse of Cash*, Princeton University Press, 2016.

Malcome Torry, *The Feasibility of Citizen's Income*, Palgrave Macmillan, 2016.

US EPA, "2015 Drinking Water Health Advisories for Two Cyanobacterial Toxins," 2015.

《경향신문》, 「청계천 일년 내내 녹조…서울시 제거비용 8천만 원」, 2009. 12.18., http://news.khan.co.kr/kh_news/khan_art_view.html?artid=200912181806555&code=940701&manage=y#csidx8f2f6b4ed085dc9910cc5dbe285ee0d.

《노컷뉴스》, 「4대강 '설거지' 비용만 5년간 21조 원」, 2013.10.1, http://m.nocutnews.co.kr/news/1106684.

《노컷뉴스》, 「묻어버린다 포레카 협박 육성파일 공개」, 2017.1.11, http://

www.nocutnews.co.kr/news/4715651#csidx611dc694095a76
8a8e509104c8f1eba.

《매일신문》, 「朴대통령 헌재에 제출한 '세월호 7시간 행적' 답변서 전문」, 2017.1.10, http://www.imaeil.com/sub_news/sub_news_view.php?news_id=1562&yy=2017.

《머니투데이》, 「靑 지역발전비서관 신설..4대강 사업 주력」, 2009.1.21, http://m.mt.co.kr/renew/view.html?no=2009012109062208675&ca=society&dt=classflinkbufl.

《미디어오늘》, 「이상훈: 이명박의 4대강 '삽질'을 기억하라」, 2016.12.4, http://m.mediatoday.co.kr/?mod=news&act=articleView&idxno=133578&sc_code=&page=&total=.

《미디어오늘》, 「이상훈: 4대강 사업은 정말 홍수 피해를 줄였나」, 2016.12.11, http://m.mediatoday.co.kr/?mod=news&act=articleView&idxno=133715&sc_code=&page=&total=.

《미디어오늘》, 「이상훈: 4대강 사업이 가뭄 피해를 줄였다고?」, 2016.12.18, http://m.mediatoday.co.kr/?mod=news&act=articleView&idxno=133876&sc_code=&page=&total=.

《불교신문》, 「4대강 사업은 反생명적 사업」, 2009.10.17, http://www.ibulgyo.com/news/articleView.html?idxno=99455.

《서울경제》, 「박근혜 대국민 사과: 최순실, 일부 연설문 표현 도움 받아」, 2016.10.25, http://www.sedaily.com/NewsView/1L2TY5Q4KJ.

《서울신문》, 「정호성 녹취록: 국정원 댓글 대응도 최순실⋯불러준 대로 읽은 대통령」, 2017.1.5., http://www.seoul.co.kr/news/newsView.php?id=20170105500176&wlog_tag3=daum

《시사브리핑》, 「박 대통령의 뻔뻔함에 경악한다…(청와대가 헌재에 제출한

답변서 전문)」, 2016.12.18, http://www.nanews.co.kr/news/articleView.html?idxno=15870.

《시사-N》, 「국회법 3-1항이 어떤 내용이기에 청와대가 발끈하나?」, 2015.5.29, http://sisa-n.com/7630?cat=1676&ckattempt=3.

《아시아경제》, 「건설업계, 대운하 포기에 - 당혹, 혼돈스럽다」, 2008.6.20, http://www.asiae.co.kr/news/view.htm?idxno=2008061918171865347.

《여성동아》, 「4대강 살리기 추진본부장 심명필」, 2009.9.22, http://woman.donga.com/List/3/all/12/141238/1.

《연합뉴스》, 「中 신화통신 선정 '국제무대 새 얼굴'에 최순실 포함」, 2017.1.2, http://www.yonhapnews.co.kr/bulletin/2017/01/02/0200000000AKR20170102044700083.HTML?input=1179m.

《오마이뉴스》, 「4대강 5년, 낙동강이 썩어가고 있다는 게 증명됐다」, 2017.7.28, http://www.ohmynews.com/NWS_Web/View/at_pg.aspx?CNTN_CD=A0002230398.

《음성신문》, 「4대강 사업 필요 심명필 추진 본부장」, 2010.11.29, http://www.usnews.co.kr/news/articleView.html?idxno=21712.

《이데일리》, 「박근혜 대통령 대국민담화」, 2016.11.4, http://www.edaily.co.kr/news/NewsRead.edy?SCD=JF21&newsid=02082806612842440&DCD=A00602&OutLnkChk=Y.

《일요서울》, 「朴 대통령 제3차 대국민담화 전문: 진퇴 문제 국회에 맡기겠다」, 2016.11.29, http://www.ilyoseoul.co.kr/news/articleView.html?idxno=155079.

《조선일보》, 「60년 악습, 깜깜이 예산 편성 - 中 - 500억 기준인 타당성 조사 피하려 499억 사업 속출… 나중에 증액」, 2013.7.30,

http://news.chosun.com/site/data/html_dir/2013/07/30/2013073000234.html.

《조선일보》,「김대중 칼럼: 2017년의 화두는 檢證이다」, 2017.1.2, http://news.chosun.com/site/data/html_dir/2017/01/02/2017010202465.html.

《주간현대》,「4대강 비자금 800억 불똥…사장에게 튀려나」, 2012.9.27, http://m.hyundaenews.com/1481.

《중앙일보》,「전문: 박근혜 대통령, 출입기자단 신년 인사 간담회 내용」, 2017.1.1, http://news.joins.com/article/21067464.

《포커스뉴스》,「이완영 - 김대중·노무현 정권 때도 최측근 비리 있었어」, 2016.11.30, http://www.focus.kr/view.php?key=2016113000165807639.

《한겨레》,「4대강 사업 동영상 홍보자료 거짓 논란」, 2009.2.4, http://www.hani.co.kr/arti/politics/politics_general/336849.html#csidxc9b0525fc5adb05a6af9e8319693feb.

《한겨레》,「한겨울 낙동강 물고기 이례적 떼죽음」, 2016.2.15, http://www.hani.co.kr/arti/society/environment/730286.html#csidx261ba46408d2f9a88a16b0e038094e6.

《한겨레》,「낙동강은 녹조라떼 세상…정부는 대책있습니까?」, 2016.8.16, http://www.hani.co.kr/arti/society/environment/756946.html.

《한겨레》,「낙동강 중상류 녹조, 사상 최악치로 많아졌다」, 2016.8.23, http://www.hani.co.kr/arti/society/environment/758007.html#csidx64e116748a406cb80f33ed919c02800.

《한국경제》,「하혜수: 시론 동맥경화에 걸린 하천들」, 2009.4.30,

http://www.hankyung.com/news/app/newsview.php?aid=2009043079781.

《한국과학기술인연합》, 「건설, 토목 그리고 비자금 조성 - 한국의 개혁은 어떻게」, 2007.12.17, http://scieng.net/freeboard/57434.

《허핑턴포스트 코리아》, 「정두언 회고록 13. 한반도 대운하의 포기, 4대강 살리기로의 전환」, 2016.11.4, http://www.huffingtonpost.kr/dooun-chung-/story_b_12794666.html.

《JTBC》, 〈뉴스룸〉, 2016.10.24.

《MBC》, 〈PD 수첩: 심층취재 - 현지보고, 독일운하를 가다〉, 2008.2.12.

《MBC》, 〈특별 생방송 대통령과의 대화〉, 2009.11.27.

(※ 모든 인터넷 기사 검색일: 2017.1.15)

■ Abstract

Realization of Sharing Society: Overcoming the Selfish Greed and Disregard of Life in the Four Major Rivers Project

Jeung, Mingull(Kongju National Univ.)

In a society in which citizens have been tamed to blindly and/or unconditionally believe that the president's will or national policies are patriotic for national development under long-term dictatorship, national policy projects have been used as means of gratifying personal greed. This kind of gratifying infinite greed accelerates and deepens social polarization. The Four Major Rivers Project and the case of shadowy confidante extorting money are examples which gratify personal greed through the national policy clothed with patriotism. The project was a national policy project to justify the rosy purpose of eco-restoration, flood prevention, water storage, economic development, and leading-edge water technology with false logic without any scientific basis. The natural ecosystem displays the disinterested coexistence of ecologically equal members. Nature tells the frugal wisdom that its members coexist within the limits in physics and body. There is a need to make the frugal wisdom work so that human society can achieve the disinterested coexistence based on ecological equality of citizens. The introduction of frugal economic devices such as basic income will lead our society toward sharing society by eliminating the polarization that raises greed and social conflicts.

Keyword: Ecological Equality, Indulgent Ignorance, Frugal Wisdom, Disinterested Coexistence, Basic Income

■ 찾아보기

가뭄 상습 피해지역 33, 52, 66, 121

가렴주구 42, 66, 168, 171

간독성 110

갈수기 35, 118, 120, 121, 133

감언이설 33, 49

경제 자치권 64, 65

공범 55, 56, 170

공복 145, 154

공약 21, 22, 49, 182, 183

공익사업 54, 58, 59

공화 독재 18

교만 46

국부 38

군림 43, 45~47, 61, 150, 165, 186, 187, 189

권력 사유화 18, 36, 38, 42, 46, 51, 61, 72, 168~170, 178, 179, 181, 216, 218

나라님 24, 28, 37~39, 41, 43, 45, 47, 71

남세균 93, 107

남조류 93, 100, 107, 109, 110, 129, 194

녹조 13, 67, 68, 89~91, 100, 101, 103~105, 107, 108, 110, 123, 128, 130, 155

눈먼 돈 42, 62~66, 121, 123, 155, 156, 159, 164, 170

마이크로버블 103

마이크로시스틴 110

망국환경 152

모래강 24, 27, 158

무한의 탐욕 135, 136

물 고갈 촉진 35, 133, 134

물고기 집단폐사 26, 93~98

물귀신 전략 150, 151

미세공기방울 103

민자사업 49~53, 137

민주공화국 17, 18, 21

바지 대출자 53

보수 14, 15, 141~147, 172~175

보수-진보 진영 논리 143, 144, 146, 147

부국환경 99, 151~154, 161, 203

분강나루 96

붉은 깔따구 13, 90, 155

사권분립 36

사유화 권력 14, 15, 43~45, 48, 70, 71, 111

사전환경성검토 47

사행천 77, 78

삼권분립 36, 186

상습 수해 28, 29, 33, 34, 52, 66, 115, 116, 190~192, 201, 202

선무당 30

선심성 예산 63~65

세금 세탁 24, 35, 42, 64, 131, 134, 135, 138, 139, 155, 161, 171

세탁조 137, 138, 161

시궁창 13, 100, 123, 155

식물성 부유생물 89, 90, 108

실지렁이 13, 90, 100, 155

어도 42, 87, 88, 139

예비타당성 조사 44, 187, 188

이끼벌레 13, 90~92, 104, 105, 155

이수 33, 125, 196~198

일기 예보 적중률 124, 125

일제 침략 148, 149, 150

자연하천도 27

재분배 54, 218

전략환경영향평가 47

제내지 159, 163

제왕적 대통령 17, 20, 37, 187, 189

제외지 160

죽음의 덫 32

진보 14, 15, 141~147, 173~175

촛불집회 20, 21, 169

취수구 128, 157, 158

치수 33, 116, 125, 196

친일 38, 149, 150, 151, 168

통치 19, 27, 41, 54, 139, 150, 171

하수구 13, 91, 194

하천 13, 47, 75~80, 82, 83, 87, 100, 108, 113, 120, 132~134, 136, 159, 163

행정장 20, 38, 45~48, 71, 72

행정 효율 46, 47

헛약속 21

홍수 범람 유발 66, 115~119

화수분 42, 68, 69, 101, 135, 151

환경영향평가 27, 41, 47, 127, 139, 185

4대강 회복 155~160